g. VERTUE

TASMAGORIE
Psychologiques
Physiologiques.

PARIS

Librairie Générale L. SAUVAITRE

72, BOULEVARD HAUSSMANN, 72

1901

Fantasmagories

Psychologiques

et Physiologiques

G. VERTUE

Fantasmagories

Psychologiques
et Physiologiques

Savant, dans ton cerveau fais entrer la logique ;
Bouffon, dans ton grelot fais tinter la critique.

PARIS

LIBRAIRIE GÉNÉRALE L. SAUVAITRE

72, BOULEVARD HAUSSMANN

1901

PRÉAMBULE

La plus grande-partie de cet ouvrage est composée de théories nouvelles, étranges et non développées.

Le livre en est donc écrit d'une façon très brève et doit être lu lentement, puis relu une deuxième fois.

Des contradictions évidentes, des affirmations inconséquentes, des propositions transcendantes se présenteront dans le cours d'une première lecture.

Une deuxième les fera considérer comme nécessaires.

Et, si le lecteur est doué pour développer,

en son imagination, les théories ébauchées par l'auteur, il se fera une autre conception de son existence passée, présente et future ; ainsi qu'une idée plus précise de la vie universelle.

L'âme d'un Christ, le cerveau d'un Galilée, l'intelligence d'un Darwin, l'ingéniosité d'un Verne ou l'imagination d'un Flammarion, ne lui seront pas absolument nécessaires pour cela.

Il comprendra ou, tout au moins, il admettra que l'Infini existe dans le Petit comme dans le Grand, même avec l'aide seule de la simple arithmétique.

Il admettra que notre Planète n'est qu'un animal.

Il admettra que le Soleil ne nous éclaire pas lui-même.

Il admettra que toutes nos maladies n'ont qu'une cause.

Il admettra qu'une couleur est vue, différente, par chaque individu.

Il admettra que, dans une filière animale, la nécessité vitale peut transformer une hyène en écureuil plus rapidement qu'un écureuil en ouistiti, et qu'un sanglier ne produira pas toujours un porc dans les successions de ses générations.

Il admettra que l'Univers se compose d'une matière unique et indivisible.

Il admettra également toutes les autres propositions émises.

Puis, il comprendra que la science humaine actuelle n'est basée que sur des points de repère, et non sur un principe immuable, extrait d'une même origine; et j'espère que, contrairement au médecin qui ne guérit pas, mais transforme ou déplace la maladie, les théories incluses feront une impression, sinon efficace, du moins indélébile, et qui se transmettra par atavisme chez nos futures générations.

ASTRONOMIE

Une fort jolie rose s'épanouissait dans le jardin de maître Bonneton, petit rentier, lequel venait à heures fixes l'envelopper une seconde de son regard d'amateur satisfait.

Une douzaine de visites quotidiennes, régulièrement espacées, lui permettaient de suivre, d'heure en heure, son éclosion.

Malgré cette sollicitude, il n'aperçut point, et pour cause, une toute petite tache d'un millimètre de circonférence se produire, un jour, au sommet d'un pétale.

Ah! si son regard avait été 874 milliards de fois plus perçant, il aurait vu très distinctement fourmiller, là, tout un peuple ; et quel peuple !

Moi qui l'ai vu, en me procurant le regard
nécessaire, j'ai reconnu, avec étonnement,
notre espèce humaine actuelle ; avec ses mo-
numents, ses usines, ses chemins de fer, ses
navires, ses ballons, ses réseaux télégraphi-
ques, ses mines de charbons, ses chiens, ses
puces, ses académiciens, ses astronomes.....

Car il avait ses astres, ce petit peuple, dont
la vie moyenne durait une de nos minutes.

Mon regard pénétra dans le grand obser-
vatoire de leur capitale pour voir discourir,
en chaire, l'un de leurs plus savants astronomes.

Il entretenait son auditoire d'expériences
faites 2000 ans auparavant, sur la grandeur,
la pesanteur et la densité d'un astre qui s'ap-
prochait de leur ciel, et à la portée de leurs
plus puissants télescopes, tous les 2000 ans,
précisément.

Cet astre, fort brillant, et annelé singuliè-
rement devait reproduire son image dans
l'Espace, car on en avait distingué vague-

ment un autre à une grande distance, mais moins lumineux.

Or, on était justement vers l'époque où devait se renouveler ce fameux passage, invisible à l'œil nu, mais visible au télescope, pendant plusieurs mois.

On ne vit rien, hélas ! cette fois-ci.

Maître Bonneton, qui voyait déjà fort peu de l'œil gauche, gardait maintenant la chambre pour une cataracte qui venait de se déclarer à l'œil droit.

LE GROS LOT

———

Le 16 mars 19..., à Lyon, j'errais à l'aventure sur la place Bellecour, admirant le magnifique coteau de Fourvière qui la domine, lorsque je vis un inconnu, bien vêtu, adossé tristement contre la barrière en fer qui entoure la statue équestre et césarienne de Louis XIV.

Son regard fixait inconsciemment la croix d'or qui surplombait le clocher de l'église de la Charité.

Intrigué, je lui offris mes consolations, car une larme perlait à chacun de ses yeux.

Il me remercia, tout en m'assurant que je ne pouvais rien; mais il me fit part du motif de son désespoir.

Pressé par une échéance inattendue, il avait vendu, quelques jours auparavant, une obligation de la Ville de Paris dont le numéro était sorti la veille même, et gagnait 100.000 francs.

Je répondis à ce désespéré que, s'il avait gardé son titre, il ne fût point sorti à ce tirage.....

Abasourdi, il me pria de lui dire pourquoi.

Alors, fouillant parmi les événements disparus, je le renseignai sur ceux que son acte avait provoqués.

Contournant l'angle de la rue Grenette, pour aller remettre son ordre de vente au Crédit Lyonnais, il avait heurté un jeune homme qui, se retournant pour l'apostropher, aperçut au loin un de ses amis intimes qu'il rejoignit vivement, et dont il serra les mains avec effusion, heureux de le voir.

Ce dernier lui apprit son mariage prochain avec une blanchisseuse habitant Paris.

Le jeune homme bousculé connaissait

également cette personne, mais sous un jour défavorable qu'il dévoila à son ami.

Celui-ci l'en remercia, et rompit avec sa blanchisseuse qui, dès lors, ne décoléra plus; ce dont les chemises de ses clients souffrirent énormément.

L'une de ces chemises, mal empesée, fut endossée, le jour du tirage, par l'un des préposés à la fonction des appareils desquels devaient être extraits les numéros gagnants.

Un faux pli du col amena l'énervement du bras, qui devint fébrile, et fut la cause d'une moins forte oscillation de l'appareil. Le numéro 1234 fut tiré.

Mais il est évident qu'un bras moins agité aurait contribué à faire tirer le numéro 1.234.567.

GOUTS ET COULEURS

Il est un dicton qui prétend que les goûts et les couleurs ne se discutent pas.

Le contraire serait précisément la vérité.

Non seulement le goût peut se discuter, mais on peut convaincre son prochain, par le raisonnement, tout aussi bien que soi-même, que la chose qu'il n'aime pas devrait plutôt être convoitée par lui.

Dans le goût, comme en toutes choses, c'est le cerveau qui apprécie, bien ou mal, mais c'est lui qui raisonne.

Et tous les raisonnements peuvent se discuter et se modifier par la persuasion.

Jusqu'à l'âge de quarante ans, j'ai détesté les pommes, parce que celles auxquelles j'avais

2

goûté avaient une âpreté qui ne m'avait point plu, dans la disposition d'esprit où je me trouvais à cet instant.

Et parce que leur pelure, trop rèche, étant entrée dans les interstices de ma dentition, l'avait agacée.

C'est l'histoire de celui qui, pour la première fois, visite une belle ville par un jour de mauvais temps, en demandant, par male chance, son chemin à un passant hargneux, et logeant dans le seul hôtel critiquable de cette ville.

S'il n'y revient plus, il en affirmera l'inhospitalité toute sa vie.

Aujourd'hui j'aime les pommes, depuis que, sur un conseil ami, j'ai pu apprécier leur suc bienfaisant ; et si j'ai reconnu leur qualité digestive, il a donc fallu que je raisonne sur les sensations éprouvées par mon estomac.

J'ai connu un enfant qui ne pouvait manger les poireaux de son potage, sans vomir.

Un jour, je l'amusai fort, en faisant, entre mes dents, glisser comiquement les cylindres superposés de ce légume.

Il fit de même, naturellement; et s'habitua à leur goût qui n'est pas désagréable, et à leur mastication, quoique plus difficilement; et, sur mon assurance qu'ils faisaient pousser la barbe beaucoup plus tôt, il eut, depuis cette promesse, un attachement de plus en plus marqué pour eux.

Un autre enfant, détestant l'huile de foie de morue, l'avait acceptée d'abord, désirée ensuite, adorée après; car on lui avait affirmé que le liquide tant redouté était bu chaque matin par Napoléon Ier dont il admirait fort les exploits.

DEUX VUES SEMBLABLES

———

Le 7 mars 19..., je me promenais sur les belles avenues de la petite ville d'Aix en Provence.

J'évoquais depuis un instant l'image d'une dame, veuve et amie de ma famille, qui se trouvait à ce moment en Amérique.

Et, par la pensée, je voyais la nuance particulière de ses yeux.

C'était un flot du Rhône délayé dans une vague du lac de Genève.

J'aurais désiré savoir si cette personne voyait exactement les mêmes nuances de couleurs qu'une autre personne ayant des yeux bruns, par exemple.

Depuis, je me suis répondu que, non

2.

seulement des yeux différents ne peuvent voir exactement semblable un coloris quelconque.

Mais que des yeux de même couleur, en apparence, ne voyaient pas plus exactement pareil.

Il faudrait, pour ainsi faire, deux ou plusieurs cerveaux absolument pareils et appartenant à des êtres exactement pareils.

Cela est une impossibilité.

Il n'existe pas, dans l'univers, deux êtres ou deux objets absolument semblables, à cause de la transformation incessante que subit la matière, illimitée dans l'espace infini.

Pas un homme ne voit les couleurs comme son prochain.

On ne trouvera jamais un moyen de le savoir, car l'homme qui verrait le firmament rouge, en réalité, le dénommera toujours bleu, ainsi qu'il l'a entendu dire depuis sa naissance.

Le vert et le bleu sont les deux couleurs

que notre vue rencontre le plus fréquemment et qui lui procurent le plus de douceur et de délassement.

L'individu, donc, qui verrait en réalité jaune et rouge, éprouverait la même douceur et le même délassement que celui qui verrait vert et bleu, puisque ce sont précisément les deux couleurs que sa vue rencontrerait le plus fréquemment.

LA CHAUSSURE

———

L'homme est un être doué de raison — dit l'homme.

L'homme qui raisonne bien doit comprendre qu'il n'a pas été créé tel qu'il est actuellement, car le Dieu qui l'aurait façonné ainsi n'aurait pas fait un chef-d'œuvre.

Il n'a qu'à examiner ses pieds, avec attention, pour retrouver les jarrets de l'animal qu'il était lorsqu'il était quadrupède.

S'il comprenait et s'il avait souci de l'avenir de son espèce, il conformerait sa chaussure en prévision de la forme définitive que présentera le pied humain lorsqu'il aura acquis l'élégance et l'élasticité en rapport avec l'ensemble du corps.

Il aiderait la Nature et porterait une chaussure à hauts talons.

Le talon humain disparaîtra dans la suite de nos générations, et c'est la plante des pieds actuelle qui deviendra le seul point d'appui naturel de l'homme futur, lequel n'aura plus cette palette informe que l'homme actuel traîne lamentablement.

Quelle chose horrible, monstrueuse et comique !

Lorsque des centaines de siècles auront encore passé, cela sera.

La jambe humaine sera fine ; les genoux auront disparu ainsi que les talons, et la plante seule reposera, petite, é'égante, bien soudée.

Oh ! que je voudrais donc le voir marcher et surtout courir, l'homme futur.

Ce seront, peut-être, des pas de plusieurs mètres par suite de l'énorme élasticité acquise.

Oh ! les chaussures à talons plats !

Qu'ils représentent donc bien la platitude des cerveaux modernes.

Mais je me console en pensant que le mouvement universel n'est qu'une marée perpétuelle.

Et que le recul présent ne durera, peut-être, pas trop longtemps pour entraver les progrès de notre constitution physique.

LE NEZ HUMAIN

———

Il est fort naturel que l'homme admire cet appendice, mais s'il demandait leur admiration aux autres animaux, voisins ou non de son espèce, je doute fort de leur aquiescement sans réserves. .

Comment nous est donc venue cette saillie un peu accentuée?

Lorsque notre ancêtre immédiat dans l'échelle animale a commencé ses transformations successives pour obtenir la position verticale, ses narines ont marché de concert et présentaient déjà un simulacre de nez lorsque cette position a été acquise.

Le noir d'Afrique, au nez encore épaté, n'a pas, peut-être, un millier de générations à remonter ou à redescendre pour retrouver l'ancêtre en question.

Mais le nez est déjà en marche, et l'on n'a plus qu'à suivre ses reproductions et modifications dans la filière humaine qui va se continuer.

Son développement, surtout, s'accentuera.

Mais pourquoi ce développement ?

Lorsque la position debout a été acquise, les narines primitives auraient dû aspirer l'air horizontalement, mais trop de corps étrangers s'y seraient engouffrés en des tourbillons malsains, empêchant une suffisante coulée d'oxygène, surtout pendant la marche ou la course.

Il a donc été nécessaire que l'instinct défensif ait incité la nature à pourvoir ces narines d'un revêtement, qui s'est abaissé peu à peu à travers la chaîne des générations suivantes.

De plus, l'homme qui s'endort sur le côté ne dort pas réellement.

Il ne dort, véritablement, que lorsqu'il se

tourne inconsciemment sur le dos et, dans cetie position, les narines d'antan ne seraient plus que tombeaux d'insectes.

Cette nouvelle position, acquise pendant le sommeil, n'a pas peu contribué à la transformation du nez actuel, lequel n'a certainement pas encore accentué définitivement sa courbe ni terminé sa croissance !

CRANE ET CERVEAU

La religion dit à l'homme :

Dieu t'a créé; il t'a donné la Terre pour l'habiter et toutes choses pour te servir ou te divertir.

Le chant des oiseaux pour charmer tes oreilles.

Les fleurs, aux vives couleurs, pour égayer tes yeux.

Les animaux pour te nourrir, ou te transporter.

Et voilà pourquoi l'homme, ainsi flatté, voit toutes choses à rebours.

Ces choses n'ont pas été créées pour lui.

Mais, c'est lui qui les a assimilées à ses goûts ou asservies à ses besoins.

Peut-être, devrait-il songer quelquefois à sa propre assimilation, c'est-à-dire au perfectionnement de ses aptitudes actuelles.

Dans cet ordre d'idées, je demande à nos corps savants ce qui les intéresse le plus particulièrement dans les conformités actuelles des crânes humains.

Et d'abord, sont-ce les épanouissements inégaux d'un cerveau grandissant qui donnent une forme définitive au crâne?

Oui, mais dans une certaine mesure seulement.

Car il est plus véridique encore de dire que la forme du crâne, apportée par un nouveau-né, doit influer, et de beaucoup, sur les circonvolutions futures de son cerveau.

D'autre part, ces mêmes corps savants ont découvert que chacune des saillies dudit crâne, et par conséquent dudit cerveau, révèle une disposition spéciale à telle ou telle aptitude intellectuelle.

Sans doute, et voilà donc, ce me semble,

une belle occasion de conformer les crânes de nouveau-nés, en les comprimant sous un moule classique.

Que dis-je? Sous des moules classiques et variés.

On obtiendra ainsi des savants infaillibles, des poètes magnifiques, des musiciens sublimes, des penseurs très profonds et des littérateurs très féconds.

On évitera avec soin de former des cerveaux de voleurs et des crânes d'assassins.

Les moules grandiront avec leurs crânes.

Le sujet vivra sous son moule jusqu'à trente ans révolus.

Et notre misérable Humanité verrait enfin de beaux jours.

Ainsi soit-il !

UNE GOUTTE FAIT DÉBORDER

Par une assez froide et brumeuse matinée de mars 19..., je pris, à Bastia, le train pour Ajaccio.

Un seul compagnon de voyage occupait, au départ, mon compartiment.

C'était un vieillard qui avait le soin constant de veiller à ce que les vasistas des portières fussent clos d'un côté du wagon.

J'étais satisfait, nous n'avions point de courant d'air.

Car je crains les courants d'air, et j'affirme que, si les hommes savaient les éviter dans leurs habitations, leurs véhicules, etc., toutes épidémies et maladies quelconques, seraient complètement inconnues de notre espèce.

A Corte, le vieillard descendit.

Deux touristes montèrent avec des monceaux de valises anglaises et de couvertures écossaises.

Ils ouvrirent précipitamment les vasistas et les laissèrent ainsi durant notre route.

Agacé, je me levai bientôt, et, sans mot dire, tout en les maudissant, je refermai l'une des baies, afin de supprimer le tirage d'air qu'elle créait avec celle qui lui faisait face.

Quelques instants plus tard, l'un des touristes anglais ouvrit de nouveau, se pencha au dehors et fit mine d'admirer les châtaigniers de plus près.

Il se rassit ensuite, oubliant sciemment de refermer.

Le courant était violent, mais nos deux insulaires du Nord paraissaient éprouver un plaisir extrême à respirer cette bourrasque.

Ils étaient forts, superbes, bien musclés.

Et je pensais que j'avais tort, peut-être, d'attribuer nos maladies aux courants d'air, en voyant l'exubérance de santé de ces deux colosses de quarante et cinquante ans.

Le soir, à Ajaccio, je me couchai tôt, sans prendre aucune nourriture.

J'étais mal, endolori, las et la tête pesante.

Je me fis transpirer, cela me remit.

Le lendemain, je n'aperçus plus qu'un seul de mes deux Anglais, et j'appris que son compagnon venait de décéder à l'hôtel, subitement, de la rupture d'un anévrisme, ainsi que le constata savamment un docteur corse.

L'ESPRIT D'OPPOSITION

Au cours de mes voyages, je visitai la petite ville française dont l'un des hôtels principaux est tenu par un vieil ami de ma famille.

Je descendis chez lui, naturellement.

Je le trouvai inquiet et désespéré de n'avoir pu placer tout un lot d'escargots à la Bourgogne, qu'il devait servir à un repas d'hyménée commandé pour la veille.

La noce n'ayant pas eu lieu pour cause d'incompatibilité anticipée d'humeur, les escargots étaient un peu défraîchis maintenant.

Et pas un seul voyageur depuis vingt-quatre heures.

Le lendemain verrait bien nombreux hôtes

4

momentanés en raison de l'Assemblée d'un Conseil général, mais comment leur faire avaler un pareil pour compte?

Je rassurai mon homme en le priant d'apprêter ses mollusques pour la table d'hôte du lendemain, et recommandai au servant de me les offrir tout d'abord, le moment venu.

Ainsi fut fait.

La table était occupée entièrement par suite d'une affluence inusitée.

Bientôt apparut une immense circonférence de fer repoussé et de laquelle se dégageait une odeur discutable.

Le tout vint aussitôt s'échouer sur ma gauche.

Je me servis et vivement fis mine de goûter aux cornus, délaissés de l'avant-veille.

Puis, repoussant mon assiette, j'apostrophai vertement le servant, en formulant à haute voix cette seule phrase :

« Ces escargots ne sont pas frais. »

Tout le monde en mangea.

On complimenta même, en ma présence, l'aubergiste ébahi.

La nature humaine fait généralement passer un caprice avant la logique.

Et le ton, rogue à dessein, de mon exclamation avait suffi, avec sa nuance d'omnipotence, à m'aliéner la participation des autres convives.

PIQURES DE PUCES

————

Il y a des gens très sensibles aux piqûres de puces.

Peut-on affirmer qu'ils ont un épiderme plus délicat?

Il est possible que cette délicatesse soit une cause, mais quelle est la cause de cette délicatesse?

Ont-ils l'intelligence plus vive et, par suite, les sens plus impressionnables que les gens qui ne craignent pas les piqûres de puces?

Je crois que oui.

Ils sont observateurs s'ils sont intelligents.

Ils étudient une souffrance lorsqu'ils la ressentent.

Et la simple piqûre d'une puce est pour eux compliquée de soucis.

Ces victimes savent qu'elles ne se débaras-
seront de leurs ennemis que difficilement.

Si l'heure du repos sonne à ce moment,
elles ne pourront dormir par le seul fait de
leur appréhension.

Mais la puce, elle-même, n'a-t-elle pas également un esprit observateur?

N'a-t-elle pas fait une remarque qu'elle
transmet, par atavisme, à sa descendance?

Je crois que oui encore.

Et je dis que la puce ne s'endort pas sur le
champ conquis rapidement et abandonné de
même.

Car, avant même qu'on ait senti la piqûre
de ce féroce animal, il a déjà fait un ou plusieurs bonds qui l'ont mis à l'abri de toute
atteinte immédiate.

Et, à ce moment, je le vois sourire, lorsqu'il aperçoit, au loin, des mains, des pattes
ou des becs, gratter ou fouiller avec rage la
place abandonnée.

Je termine en priant nos psychologues et

nos mathématiciens d'unir enfin leurs efforts
pour rechercher à quelle distance de la piqûre,
et surtout dans quelle direction doit fouiller
notre dextre ou gratter notre senestre.

Je n'ai pas, certes, l'intention de me moquer
de la science en général, ni des savants en
particulier ; mais il est hors de doute que les
petites causes engendrent souvent les grands
effets, et cette recherche aiderait puissam-
ment à de plus grandes découvertes.

INTENSITÉS ÉLECTRIQUES

Tous les corps ou toutes les matières ne s'électrisent pas avec la même intensité, la même rapidité.

C'est connu généralement.

Un même genre de matière, comme le métal, par exemple, s'électrise plus ou moins, suivant la cohésion et surtout la coordination de ses molécules.

Je veux essayer d'imager une explication en disant que je vais entourer la terre d'une chaîne.

Cette chaîne sera formée avec des êtres humains que je placerai dans la position debout.

Ils seront tous tournés dans un même sens et se toucheront suffisamment pour obtenir une forte cohésion.

Les bras n'auront aucune fonction.

Par la pensée, j'imprimerai une poussée imaginaire sur l'un de ces êtres.

Je n'entreprendrai pas, naturellement, d'évaluer le temps que mettra cette impulsion pour faire le tour de la terre, en supposant qu'elle soit suffisamment forte pour cela, mais je vais adopter, par exemple, vingt-quatre heures.

Maintenant, je vais utiliser les bras de tous ces braves gens, faisant fonction de molécules.

Ils ceindront tous et fortement le corps de leur précédent compagnon, ce qui donnera une attitude penchée à tous ces corps étroitement unis.

Alors, avec la même impulsion, semblable à la première, je réduirai peut-être de douze heures le temps de ma vibration circulaire.

Simplement par une disposition différente de mes molécules ainsi que par une cohésion plus grande.

Et absolument comme dans le fer et l'acier.

MACHINERIES

L'homme est industrieux pour le mal généralement.

Il a découvert la force de la vapeur d'eau et s'en sert pour actionner des systèmes divers de mécanisme qui suppriment de nombreux travaux manuels.

Mais le travail mécanique ne vaudra jamais le travail accompli par des mains.

Si le travail mécanique, industriel ou agricole, offre parfois une apparence de plus grande perfection, il ne supportera jamais aussi bien les morsures de l'usure et ne donnera point les résultats qui seraient obtenus par des membres humains qui sentent ce qu'ils font.

5

La roue d'un moulin est actionnée méca-
niquement, mais l'air ou l'eau ne sont point
des forces aveugles comme la vapeur et l'électricité.

Si quelque corps étranger s'introduit dans
la roue d'un moulin actionné par eau, cette
roue cessera de tourner et ne se brisera pas
sous une force complètement insensible.

J'arrive maintenant à la matière employée
généralement pour créer la force initiale de la
vapeur.

Le charbon empoisonne et empoisonnera
de plus en plus l'air respirable par ses émanations.

L'évolution et la transformation de ces
masses gazeuses s'opéreront bientôt difficilement.

Il n'y aura plus de saisons, mais des alter-
natives fréquentes de chaleur et de froid.

L'industrie électrique, à son tour, deviendra une source de complications atmosphériques.

Que devient donc l'humanité?

J'ai vu des pays de mines, où des êtres atrophiés, abêtis, naissent, vivent et meurent dans un complet avachissement intellectuel.

J'ai évoqué, en même temps, les anciennes humanités arrivées à leur apogée!

DISSEMBLANCES RESSEMBLANTES

———

Par intelligence, entendrai-je :

L'invention d'un mécanisme ? les tactiques d'un César ? l'habileté d'un diplomate ? les malices usuelles de la vie courante ?

L'esprit vraiment intelligent ne serait-il pas celui qui pense en deçà et au delà de son existence présente ? qui se demande d'où il vient, où il va ?

Cette fin du xixe siècle semble assister à un affaiblissement marqué de la compréhension humaine.

Si je prends un exemple dans chacun des deux partis qui s'agitent le plus au sujet de la question sociale et religieuse, je suis égayé

5.

par la ressemblance de leurs principes fonda-
mentaux, malgré leur dissemblance apparente.

La théologie affirme que l'homme a été
créé d'une seule pièce et pétri par un Dieu
qui l'aurait rendu responsable de ses actes, en
lui affirmant qu'il l'avait créé à son image, et,
de ce fait, était dans l'univers le seul être de
raison.

L'athéisme se fait gloire de descendre simplement du singe. — Il ne va que jusqu'au
singe pour l'instant, — mais il nie toute corrélation entre sa vie présente et une vie future.

Le premier dit :

« Je suis le premier et dernier être doué
d'intelligence, car il n'y avait rien avant moi,
que Dieu. »

Le second dit :

« Quadrumane j'étais, mais bipède je suis ;
je termine certainement une race parvenue à
son apogée ; donc, après moi plus rien. »

Je comprends le style imagé des propagateurs de religions, ainsi que la nécessité de respecter l'immuabilité du principe.

Mais, l'étoile polaire nous indiquera-t-elle toujours le nord ?

CARACTÈRES RÉFORMÉS

———

J'ai dit quelque part que l'homme peut imposer tel caractère intellectuel, telle aptitude morale chez un sujet nouveau-né :

En imprimant sur sa boîte cranienne des bosselages en conformité avec le caractère désiré.

Autant que possible, naturellement.

Je vais ici émettre une idée qui paraîtra certainement bouffonne, comme toutes les idées de quelque valeur. C'est de pouvoir modifier et même transformer le caractère d'un sujet, quoique adulte, en lui supprimant l'usage normal de l'un de se·· nbres.

Non point par la douleur, l· chagrin, la haine ou tout autre sentiment.

Mais par un effet purement physique, et je dis :

Puisque le caractère d'un individu se révèle dans ses attitudes physiques, c'est qu'il y a très certainement une corrélation absolue entre l'un et les autres.

Si je veux me représenter un homme hautain et hargneux, je verrai, par la pensée, un col tordu sur des épaules rejetées.

Si, au contraire, je veux me représenter un homme doux et pacifique, je verrai un col arrondi sur des épaules tombantes.

Cela, du moins, est une règle aussi générale que peut l'être une règle de ce genre.

Si je casse la jambe au second de façon qu'après guérison il ne puisse plus marcher qu'en boitant, sa claudication peut à chaque pas lui infliger une torsion au col et rejeter ses épaules en arrière.

Son caractère moral se modifiera de ce fait seul.

L'effet, à son tour, fera naître la cause, de

façon plutôt superficielle, mais suffisante cependant pour que mon sujet puisse transmettre des germes de mauvais caractère aux enfants qu'il pourrait avoir plus tard.

ASTRONOMIE PLAISANTE

Ce 28 mars 19..., je lis dans une gazette un article signé par un de nos astronomes contemporains, et commentant un fait qui vient de se passer au firmament.

Il y est question d'une étoile qui s'est développée à nos yeux, et, en quelques jours seulement, de la dixième grandeur à la première, puis de la première à la dixième.

L'écrivain se déclare surpris.

Il se déclare également surpris au sujet d'une autre étoile qui se serait transformée en nébuleuse, alors que le contraire se produit habituellement.

Il parle aussi de planètes éteintes, se rallumant brusquement sous l'influence d'un

6

choc, etc. En ce qui concerne cette dernière hypothèse, je dis que deux astres, ou planètes, ne peuvent que rarement se heurter de front dans l'éther.

Elles s'approcheront, tournoieront des centaines ou des milliers de siècles en décrivant des courbes plus ou moins allongées.

Elles tomberont peu à peu en ignition, prendront une forme ovale et se souderont insensiblement.

Le médecin, dans un premier examen, devine le mal d'un individu parce qu'il sait, expérimentalement, que telle maladie se révèle par tels signes extérieurs, mais il est incapable d'en deviner l'origine et guérir de prime abord.

Je dis, autre part, que la lumière solaire n'existe pas.

Il en est de même pour tous astres quelconques, car ce ne sont que les fluides astraux qui, s'amalgamant avec notre fluide terrestre, exaspèrent à leur tour notre cerveau, quand le soleil a disparu.

Lorsque ce dernier reparaît, sa priorité de voisinage annihile l'influence de ces fluides astraux plus éloignés.

De même qu'un médecin, un astronome peut connaître la constitution de son champ d'expériences, mais il se trompe souvent sur son origine réelle.

Et l'origine de toutes choses ne se trouve jamais.

CERVEAU CHIMISTE

Je n'ai pas la prétention de faire ici une dissertation chimique ou médicale.

J'ignore même jusqu'aux principes élémentaires adoptés par les diverses générations d'apothicaires ayant trituré le corps humain.

Je ne juge donc qu'avec l'aide de l'observation passionnée.

Je conçois l'haleine et la salive comme les agents les plus actifs de notre organisation physique, et obéissant rapidement aux désirs de notre esprit.

Un être humain, par exemple, lié par tous ses membres, et condamné à vivre dans un essaim d'insectes, n'aurait plus que la ressource de les écarter avec son haleine.

6.

L'irritation, la colère, la haine lui suggé-
reraient de souhaiter son haleine empoison-
née.

Et tel en adviendrait, avec du temps.

Cette dernière s'imprégnerait peu à peu de
l'esprit d'animosité qu'élaborerait le patient
au travers de tous ses organes.

Cela se remarque, du reste, sur nombre
d'animaux et de végétaux, et c'est une défense instinctive comme tous les genres dé-
fensifs engendrés par l'esprit.

Et les végétaux en ont.

La salive, de même, peut s'imprégner d'un
venin dangereux, sous l'influence de senti-
ments haineux ou féroces.

Certains animaux, et végétaux même, possèdent également ce pouvoir d'empoisonner
leurs ennemis.

Par contre, je crois que la salive humaine
actuelle doit avoir une vertu dissolvante et
neutralisante, très puissante encore.

Et tels poisons, contaminant ou corrodant

notre organisme, deviendraient inoffensifs s'ils étaient dénaturés par une salivation, longue et abondante, avant d'être absorbés.

LES CHIENS

———

Il y a 100.000 ans environ, vivaient sur la terre deux peuples humains, ennemis séculaires.

L'un fut enfin vaincu par les armes et asservi.

La servitude fut douce et terrible.

Douce, parce qu'il ne fut astreint à aucun travail.

Mais terrible, parce que tous les vaincus: hommes, femmes et enfants, furent, dès lors, contraints de marcher sur leurs mains, toujours, en tous lieux et pour toutes fonctions.

Quelques siècles s'écoulèrent, puis quelques autres, et... — Le singe a été plus lent

à devenir un homme que l'homme à devenir
un chien !

. . . .

A notre époque, il est un animal que
l'homme se plaît à faire multiplier, c'est le
chien.

Il y a de nombreuses expositions et con-
cours de chiens.

Il y a des hôpitaux pour les chiens, des
cimetières pour les chiens.

C'est la tendresse humaine dans son plus
facile moyen d'expansion, car, l'enfant et le
prochain ne valent pas le chien!

. . . .

De quelle façon disparaîtra la race humaine?

Le charbon l'asphyxiera-t-il par ses diverses
accumulations d'émanations ?

L'électricité la balaiera-t-elle par une pro-
fusion d'ouragans ininterrompus ?

Ou bien, les chiens, de plus en plus nombreux, se souviendront-ils?

Eprouveront-ils tout à coup, pour la

descendance de leurs anciens maîtres, une haine atavique de 100.000 ans?

La fin par l'égorgement !

———

DÉCADENCE HUMAINE

L'apogée humaine a eu lieu vers une époque déjà fort éloignée, peut-être, à en juger par la diversité et surtout l'irrégularité de nos traits faciaux actuels.

La face de l'homme est certainement laide pour tous les animaux, sauf pour lui naturellement.

Son physique se déforme et se déformera peut-être de plus en plus sous l'influence de toutes sortes de maux provoqués par les courants d'air de ses habitations qu'il se plaît à créer pour leur bien-être trompeur et mortel et qu'il est déjà impuissant à comprendre.

J'ai dit que toutes les maladies de l'homme

7

et des animaux qu'il asservit ne proviennent que des courants d'air établis en opposition de directions dans les temples, dans les maisons, véhicules, crèches ou écuries.

Peste, choléra, lèpre, toutes épidémies et toutes maladies n'ont pas d'autre cause première.

Jésus-Christ est arrivé trop tard avec ses divines maximes; car si les hommes les comprenaient, ils n'avaient déjà plus la force de les pratiquer.

Mais aujourd'hui se compteraient facilement les intelligences qui pourraient, non pas expliquer les effets du courant d'air, mais seulement le comprendre intuitivement.

La nourriture humaine actuelle est en rapport avec l'atrophie intellectuelle et les sens faussés :

Alcools, eaux ferrugineuses, boissons glacées, fruits verts, viandes saignantes ou gibiers faisandés, fromages pourris ou moisis, conserves diverses, breuvages stérilisés d'après les procédés de chimistes malfaisants que la crédulité humaine glorifie.

Oh ! qu'elle devait être belle la dentition des grandes humanités avant leur déclin, alors que les fruits formaient leur seule nourriture, les montagnes les seuls logis, les fleurs du sol leurs seuls tapis et les astres leurs seuls abris.

ÉPILATION

L'homme, dit-on, descend du singe.

C'est tout ce qu'on a pu découvrir jusqu'à présent.

Mais, ne désirant pas remonter plus haut dans notre échelle animale pour le moment, je n'insisterai pas sur cette pénurie de renseignements.

L'épilation de notre corps touche à sa fin, ou du moins sera probablement terminée dans une centaine de siècles.

C'est une époque bien proche, il est vrai, mais il faut admettre que cette épilation deviendra volontaire lorsque notre matière pileuse ne sera plus en quantité suffisante pour parer ou orner convenablement nos faces et nos crânes.

Le singe avancé a commencé involontairement l'épilation humaine lorsqu'il a eu la première idée de s'affubler d'un collier de noix ou similaires.

Fruits, fleurs, rameaux, plumages, pelages, crânes et ossements ont été nos premiers ornements, lesquels sont devenus vêtements, plus tard, lorsque les hommes ont rencontré sur leur route des climats incléments pour leurs corps dégarnis de leurs toisons naturelles.

La femme a dû se voiler la face beaucoup plus longtemps que l'homme, car son visage est presque complètement imberbe, sauf le nécessaire, maintenu par l'instinct défensif, comme les cils et les sourcils.

Certaines parties du corps humain actuel ayant été plus résistantes ou plus préservées présentent encore des bribes de toison.

Aujourd'hui, le singe est rare relativement

et de ce fait ne continue plus sa route vers une humanité déjà atteinte.

Peut-être redescend-il au fond des mers par l'échelle animale qu'il a escaladée.

LE SOMMEIL

C'est un phénomène éminemment répara-
teur des forces animales et intellectuelles, et
c'est un champ d'observations incommensu-
rable.

Si l'homme appréciait mieux l'importance
du sommeil, il n'interromprait jamais brusquement celui de son prochain, et surtout
celui de l'enfant qui croît en dormant.

C'est pendant le sommeil que notre corps
expurge le plus facilement toutes les matières
étrangères à son organisation normale et qui
s'y étaient plus ou moins accumulées pendant
son état de veille.

L'individu qui repose passe tout d'abord

par une sorte de torpeur qui n'est pas le sommeil.

Le sommeil réel ne commence que lorsque le dormeur, après avoir esquissé quelques gestes comme pour s'éveiller, se tourne sur le dos et s'allonge littéralement.

Ce mouvement devient très préjudiciable à la santé d'un enfant dont la couche n'est pas beaucoup plus longue que sa taille.

Le plus grand nombre des dormeurs se placent généralement sur le côté au début du repos.

On doit reposer sur un plan absolument horizontal, et les médecins qui prônent les couches en pente légère sont des ignorants, car, inconsciemment, notre corps se contracte plus ou moins, suivant le degré d'inclinaison de sa couche.

Un observateur peut, à son réveil, savoir s'il a achevé normalement son somme, ou s'il a été éveillé par un bruit quelconque ou une fausse position.

Car il entendra, ou plutôt il aura encore
dans ses oreilles le rythme de sa respiration.

Je termine en disant aux gens qui s'en-
dorment sur des bords de précipices, para-
pets, etc., de se coucher sur le côté d'abord
et face au précipice.

Car lorsqu'ils se tourneront inconsciemment sur le dos, ils tomberont, si toutefois
ils tombent, du côté le moins dangereux.

GOUT DE FER

Je ne veux point parler ici du fer que nous charrions dans notre circulation sanguine.

Nos médecins prétentent que ce fer est nécessaire, et qu'il est obligatoire pour notre sang d'en contenir une certaine quantité.

Il est bien certain que si le pelage d'un chien ne contenait pas de puces, ce ne serait plus une peau de chien.

Je ne discuterai donc pas cela, et pour cause.

Je veux parler d'un fait ordinaire, mais qu'on n'a peut-être pas remarqué suffisamment.

Comme héroïne de mon conte, je présente une caféière en métal.

En langage usuel, je devrais dire une cafe-
tière.

Alors, pourquoi thé fait-il théière?

Je ne puis pourtant le demander à nos académiciens, si je veux être renseigné exacte·
ment.

Je suppose maintenant qu'une caféière en
métal, ai-je dit, soit employée quotidienne-
ment pour l'usage d'une famille.

Pour quel motif, et certains jours, entendrai-
je un, plusieurs ou tous les membres de cette
famille, se plaindre d'un goût de fer, émis par
la brune boisson ?

Pourquoi donc pas tous les jours?

En voici le motif.

Les parois intérieures du récipient se cor-
rodent certainement chaque jour sous l'influence du liquide.

Elles se minent lentement, mais ne se désa-
grègent pas.

Et ce n'est que lorsqu'une certaine couche,
ou épaisseur superficielle est mûre pour la

chute, que sa désagrégation s'opère d'un seul bloc.

De ce même principe peuvent se réclamer les éboulements de rochers, de montagnes, de torrents et rivières, etc.

Je termine prosaïquement en rappelant le moyen banal d'éviter ce goût de fer, autant que possible naturellement, car le plus vigoureux essuyage n'empêchera pas totalement ces éboulements moléculaires.

ÉGALITÉ HUMAINE

Il serait aussi difficile de la prouver que d'affirmer égaux tous les épis d'un champ de blé.

Tous les hommes sont égaux devant Dieu, il est vrai, mais chacun dans la proportion des forces et des moyens dont il dispose.

Sauf quelques intelligences douées exceptionnellement, les hommes sages doivent certainement essayer d'élever leur condition sociale au-dessus de celle de leurs pères, mais d'un échelon en général.

Ils laisseront à leur progéniture le soin et le plaisir de gravir l'échelon suivant.

L'ascension d'une fortune plébéienne doit

8.

se faire lentement, de façon telle, que la chute de la fortune patricienne qui tombe se fasse de même.

Il ne faut pas nécessairement avoir fait des études spéciales, pour comprendre que des familles plébéiennes ne peuvent parvenir parmi les classes dirigeantes, sans qu'une contre-partie s'exerce chez ces dernières.

Cette lente évolution ne pourrait donc bou-leverser le pays, comme les fortunes trop rapides, ne faisant que du mal audit pays, à la société, et même à l'individu parvenu, qui se croit souvent fort habile, parce qu'il aura lésé des intérêts, accumulé des ruines, piétiné des cadavres, pour arriver jusqu'à une situa-tion souvent incompatible avec son propre talent, et qu'il doit presque toujours aux événements favorables plutôt qu'à son seul mérite.

Devant les lois de justice humaine, les hommes sont égaux et punis généralement suivant les fautes commises, car les juges sont impuissants à discerner très exactement les causes qui ont provoqué la faute.

Mais une convention légale, absolument irraisonnée, est celle qui, dans un vote populaire et au sujet de la députation gouvernementale, donne voix pareille au maître et au serviteur, au savant et à l'ignorant, au chef de famille et au célibataire.

Avec une telle façon de procéder, un pays ne doit pas engendrer beaucoup d'hommes de génie; la médiocrité ou pire, résultant fatalement d'un pareil système.

SECOURS MUTUELS

———

Il est de mode, vers la fin de ce XIXe siècle, de fonder, dans le populaire, des sociétés de secours mutuels.

Moyennant une faible somme mensuelle ou annuelle, versée régulièrement, l'individu peut se créer divers secours en prévision de ses maladies ou de sa vieillesse.

Les familles se dispersent, mais les étrangers se groupent.

D'autre part, ce genre de solidarité n'engendre qu'une aliénation graduelle de l'initiative individuelle.

Les membres de ces sociétés économisent par force afin de ne point perdre le fruit de leurs versements antérieurs.

Ils ne paieront pas, au besoin, leurs tail-
leurs ou leurs boulangers.

Et si leurs sociétés disparaissaient pour
une cause quelconque, ils seraient, pour la
plupart, incapables d'économiser de par leur
seule volonté.

L'instinct, ou plutôt l'atavisme des trou-
peaux d'antan, est encore vif chez les hommes de notre époque.

La note comique est donnée par le cri de
« Vive la liberté », poussé par eux à chaque
instant.

Ce ne doit pas être la liberté individuelle,
puisque petits possesseurs, petits commer-
çants, petits industriels disparaissent de plus
en plus.

Le mercenaire, également, pousse ce cri
sans interruption.

Mais de quel genre de liberté est-il donc
assoiffé ?

Il a déjà celle de pouvoir, lui qui fait nombre, envoyer dans nos parlements des indivi-

dus ridicules pour la plupart, miséreux souvent, et qui le mèneront fatalement vers la
liberté du ventre.

L'excès est toujours une faute.

Car lorsqu'il y a trop de musiciens il n'y a
plus de belle musique.

Lorsqu'il y a pléthore de médecins il n'y a
plus de bonne médecine.

Et trop de gens instruits détruit l'intelligence.

SOUVERAINETÉ

Je ne veux pas, certes, faire de la politique de politicien, et me contenterai de dire quelques mots sur la forme de gouvernement que doit avoir un pays, comme la France, dont la race est presque uniforme, la dimension suffisante, la cohésion puissante, et les mœurs à peu près semblables dans toute son étendue.

Tels sont également la plupart des pays de l'Europe et de l'Asie.

Mais la France a échangé sa monarchie séculaire contre une forme de gouvernement du peuple par lui-même.

Cette forme, dénommée République, existe déjà depuis trente ans et pour la troisième fois.

Peut-être cela pourra-t-il durer encore autant.

Mais il est à craindre pour l'avenir que nul représentant de l'ancienne souveraineté ne consente à reprendre un pouvoir devenu difficile par suite du mal, irréparable peut-être, qu'aura causé .ce gouvernement populaire.

Un peuple de cette importance doit être gouverné par la cime de son échelle sociale et non par des individus sortis de son sein.

Dans le premier cas, le frein aux mauvaises passions populaires provoquera du respect pour l'autorité suprême.

Dans le second cas, le ou les représentants de ce peuple qui les a élus seront obligés de le flatter jusque dans ses pires défauts s'ils veulent conserver leur mandat.

Dans le premier cas, on parle de devoirs.

Dans le second cas, on parle de droits.

Si le peuple, abusé par des théories utopistes, par des principes de décadence, ne veut pas un homme comme souveraineté, qu'il fasse comme celui de l'Angleterre.

Qu'il se gouverne par une femme.

Celle-ci pourra, mieux qu'un homme, dire : mon royaume, mes mers, ma flotte, mon peuple, mes armées.

Car elle n'excitera aucune jalousie politique parmi ses ministres et moins de haine chez ses sujets.

L'Angleterre a dû sa force, peut-être, à cette particularité.

LA PEINE DE MORT

Il est une coutume humaine épouvantable pour un esprit sain et généreux, qui déshonorera l'humanité autant que celle-ci persistera dans sa propagation.

C'est la peine de mort appliquée aux individus de son espèce et susceptibles de son courroux pour des faits qualifiés crimes.

Quand donc cette humanité comprendra-t-elle qu'un assassin ne tue que par vengeance, par cupidité, par passion, ou simplement par férocité?

Dans les trois premiers cas, la raison s'est égarée.

Dans le dernier, elle n'existe pas.

Mais le juge qui condamne tue froidement

avec une autorité que lui octroie une société
ignorante ou quelque foule électrisée, hurlant
à la mort, un individu qui commet un acte
dément.

Si l'espèce humaine était digne du nom
d'humanité, elle comprendrait que la mort
hâtive ne détruit pas les molécules d'un cerveau contaminé par l'esprit du mal.

Car ces molécules vont telles quelles s'as-
similer à celles d'un autre cerveau, chez un
autre individu qui héritera de ce dangereux
bagage.

Oh! juges inqualifiables! qui ne comprenez
pas que l'esprit est une matière ténue que la
mort chasse d'un cerveau en innombrables
atomes désagrégés et pouvant se reconstituer
parmi d'autres constitutions cervicales!

Enfermez donc votre criminel, livrez-le à
ses remords ou à ses regrets tout au moins.

Et le temps se chargera, mieux que vous,
de dénaturer peu à peu le mauvais esprit qui
lui a fait commettre son forfait.

Oh! société stupide!

N'es-tu donc pas assez puissante pour provoquer la destruction graduelle d'un cerveau malsain sans le faire revivre en le tuant?

PLAISANTS & DÉCADENTS

Pauvre France! pourrait-on dire aujour-
d'hui avec vérité.

Ce jour 18 mars 19.., je lis dans une
gazette politique que les grèves ouvrières
sont générales;

Mais que nos Académies littéraires s'occu-
pent très activement de la simplification de
l'orthographe ;

Et que nos hommes de gouvernement discutent gravement sur l'opportunité de rendre
la croix d'honneur à un étranger de souche,
qui fait le métier d'écrivain, genre dépravant,
mais captivant, et qui, à lui seul, a contribué
pour une bonne part à fausser la morale du
pays, dont les habitants étaient, du reste,

préparés à cela par une inconscience marquée.

Cette inconscience est le résultat direct d'une triste faculté que le Français possède à un degré bien supérieur à celui des peuples voisins.

C'est la plaisanterie.

Mais une plaisanterie qui a pu être douce et supportable dans ses débuts, et qui, depuis longtemps, prend de plus en plus les allures de la moquerie vulgaire, stupide et malpropre souvent.

Notre race est contaminée de ce fait banal en apparence, et sa perte en sera peut-être émanée directement avec l'aide des effets produits par cet état d'esprit.

Le pays, déjà envahi par l'intrusion des étrangers devant qui il fait le beau, sera absorbé facilement.

Et cependant, une autre race jadis honnie et bannie et qui dominera peut-être le monde un jour, en provoque en ce moment la perte d'une manière assez visible.

Elle raille, ou plutôt fait railler sa religion, son patriotisme, ses prêtres, ses défenseurs.

Elle détruit son unité familiale, son état social, sans qu'il s'en émeuve.

Mieux encore, hélas! car elle divise pour régner.

Lorsqu'on rit, on est désarmé, dit-on.

C'est probablement pour cette raison qu'elle a planté une bosse sur l'un de ses microbes rongeurs, qui a créé ce chancre du mariage : le divorce.

PHASES INTELLIGENTES

———

Pour me faire comprendre je vais me servir d'une comparaison.

Parmi les jeux divers auxquels s'adonnent les enfants ou les adultes, il en est un dénommé communément « la main chaude ».

Le pénitent, agenouillé et la tête enfouie dans le giron d'un autre participant, doit exposer l'une de ses mains sur son dos et la paume extérieurement.

Les joueurs alors, à tour de rôle, frappent dans cette main offerte.

Le pénitent doit deviner quel est le joueur qui a frappé et lui imposer son rôle s'il l'a reconnu.

Je suppose maintenant que deux joueurs

frappent alternativement, l'un ayant une main douce et l'autre une main forte ou nerveuse.

Si ces deux joueurs ne sont doués que d'une intelligence médiocre, le propriétaire de la main douce frappera fort et l'autre frappera faiblement.

Si ces mêmes joueurs possèdent une malice plus grande, ils frapperont d'une façon naturelle pour faire croire au patient que la tape faible provient de la main forte et *vice versa*.

Si encore ces joueurs sont absolument des fins malins, la main douce frappera fort comme dans le premier cas, mais ce sera alors avec deux degrés d'intelligence de plus.

Et le supplicié sera une fois de plus trompé s'il a supposé que ses bourreaux ont frappé d'une façon naturelle pour l'inciter à croire qu'ils ont frappé d'une façon anormale.

La moitié du monde trompe l'autre; c'est

une vieille habitude simiesque toujours en vigueur.

Mais les moyens mis en œuvre diffèrent suivant les degrés d'expérience intellectuelle acquise parmi les peuples.

SOMME DE SOUFFRANCES

Il n'est pas un être humain doué de quelque intelligence qui, à partir de l'âge adulte, ne se demande avec une certaine anxiété s'il souffrira beaucoup pendant le cours de son existence ou s'il mourra d'une mort lente, ou violente, si son agonie sera calme ou agitée.

Je crois pouvoir affirmer que le total des souffrances endurées par chaque individu depuis sa naissance jusqu'à sa mort est absolument égal pour tous, et proportionnellement à leurs forces, naturellement.

En disant jusqu'à sa mort, j'entends la mort réelle qui, de nos jours encore, ne survient souvent qu'après l'ensevelissement.

Nos médecins en sont encore à trouver un signe évident de la mort.

Ils n'ont qu'à faire déposer les cadavres douteux dans une salle d'attente publique jusqu'à ce que leur odeur se charge de la démonstration.

Lorsque la souffrance provient d'un supplice, même affiné, le condamné perd sa connaissance en proportion de la douleur éprouvée.

On ne souffre réellement que par la compréhension de sa souffrance.

Et tel individu se tordant, se crispant dans des convulsions atroces, n'éprouve pas, en réalité, les douleurs qu'il paraît ressentir, car son cerveau anesthésié perd conscience.

Par contre, certains supplices supposés rapides laissent au patient une certaine lucidité, longtemps quelquefois, après sa mort apparente.

Il doit souffrir sa part, ni plus ni moins.

L'individu qui, en apparence, n'a pas souffert pendant sa vie, a éprouvé, en détail, des douleurs faibles, mais ininterrompues.

EXTRÊMES INFINIS

L'infiniment petit est tout aussi puissant que l'infiniment grand, car aucun atome n'est limité à un dernier degré de petitesse.

Si l'on prend un objet, aussi réduit qu'on le puisse faire, et qu'on le partage en deux parties, en retenant l'une et rejetant l'autre ; si l'on partage à nouveau la partie gardée, en continuant la même opération pendant l'éternité, on n'arriverait jamais à obtenir néant.

Pas mieux, du reste, qu'en prenant un nombre quelconque et le divisant par deux, puis ensuite divisant encore et toujours l'un des deux totaux obtenus, on n'arriverait à obtenir zéro.

Les mêmes mouvements se reproduisent dans les petites choses, comme dans les grandes.

Et, si nous pouvons voir les êtres et les choses suffisamment grands pour nous qui s'agitent sur la surface terrestre, nous ne pourrions voir les êtres et les choses qui s'agitent sur un fruit, un moucheron, une pierre ou un brin d'herbe.

Et pourtant c'est la même répétition.

Car, il y a là aussi des peuples d'individus produisant des milliers de générations dans le temps d'une de nos minutes.

Si je mange le fruit, des milliers, des millions de ces générations s'habitueront, de l'une à l'autre, à voir approcher mes lèvres, mordre, mastiquer, avaler et... digérer.

Elles se modifieront suivant l'état présent de leur position et se transformeront.

Si le soleil possédait une gueule et l'ouvrait tout à coup pour avaler la terre,

Ce tout à coup pourrait durer des milliers

de nos années, et nos futures générations auraient le temps de s'en soucier.

Et celles, dans longtemps, qui contempleraient le fond de cette gueule ouverte, ne pourraient guère s'imaginer qu'il n'en a pas toujours été ainsi.

Et si le soleil, en se rapprochant de nous, échauffait trop la terre et ses parasites, nous nous transformerions et supporterions sa fournaise, si fournaise il y avait, comme nous supportons 50 degrés de chaleur ou de froid.

ROTATIONS TERRESTRES

Si la terre mettait, en réalité, quarante-huit heures pour effectuer sa rotation quotidienne, l'homme s'en apercevrait-il ?

Et à quoi s'en apercevrait-il ?

Si les êtres et les choses, parmi lesquels il vit, ralentissaient d'autant leurs mouvements ;

Si l'horloge magnétisée subissait ce ralentissement dans la même proportion ;

Si le soleil, la lune, les planètes, les comètes éprouvaient une cause commune et marchaient de concert ;

Ou bien, si la terre marchait de concert avec eux ;

Si le cerveau humain avait, de ce fait, la pensée moins rapide ;

L'homme s'en apercevrait-il ?

Le temps a été créé par lui, divisé par lui.

Les astres, les planètes ne s'en servent point.

Et telle comète qui doit revenir par ici dans tant de mois, de jours et de minutes, pour nous ; revient, en réalité, dans tant de rotations de soleils quelconques, car ses mouvements sont liés à ceux des autres astres, même dans leurs irrégularités.

Je suis persuadé que les rotations terrestres sont inégales.

Nous vivons parmi l'infini, qui nous entoure de toutes parts.

Et l'infini ne se concilie pas avec une régularité quelconque.

Lorsque nous croyons voir une régularité quelque part, nous ne la voyons telle qu'avec les limites de notre vue bornée.

Mais en réalité, rien n'est régulier, rien n'est fini, rien n'est commencé, rien n'est parfait, rien n'est limité, rien n'est d'une mathématique absolue.

Et tout, dans l'infini, se mouvant sans cesse, n'engendre aucune immuabilité.

CHALEUR SOLAIRE

Je dis que la Terre est un animal, et un a⁻i-mal qui respire, par conséquent.

La respiration humaine est une aspiration produite par la pression aérienne, sur les poumons, aidée par une dilatation automatique de ces derniers, qui rejettent l'air aspiré, en reprenant leur volume naturel.

On sait que cette dernière action se nomme : expiration.

Un observateur attentif pourrait remarquer que, lorsqu'il aspire très fortement, la surface de son corps fraîchit en de certaines parties, et que, lorsqu'il expire fortement, afin de mieux s'en rendre compte, une chaleur soudaine envahit aussitôt ladite surface.

Je vais supposer, maintenant, que la Terre respire comme nous, et par l'un de ses pôles, par exemple.

Que son aspiration nous amène l'hiver, et et que son expiration produise l'été, avec toutes les végétations, toute la moisissure, éclosant par la formidable ascension de cette chaleur souterraine.

J'aborde maintenant le sujet de mon titre.

Pourquoi croyons-nous que c'est le soleil qui nous chauffe ?

Pourquoi ne serait-ce pas la chaleur terrestre plus intense en été, et dont les atomes, se combinant plus rapidement avec ceux de l'émanation solaire, produiraient une action plus vive, des mouvements plus précipités, une chaleur plus forte, enfin.

Et si la surface terrestre est plus chaude, ses parasites sont également plus chauds, puisqu'ils font partie de sa substance.

Les corps ou objets quelconques entrent forcément dans le mouvement, et les thermomètres n'indiqueront pas un degré de plus.

Mais les molécules de tous ces corps, ainsi que les nôtres, qui se combineront en ce moment avec celles de l'évaporation solaire, formeront une fusion à rotations beaucoup plus rapides, et qui nous procurera un supplément de chaleur.

CORPS & BLOCS

Tout vit dans l'Univers, et tout pense.

L'animal pense, le végétal pense, le minéral pense.

Notre pensée humaine est une transformation par évaporation de nos molécules cérébrales, sans cesse renouvelées, et se composant de peuples animalcules à révolutions rapides.

Cette matière graisseuse qui forme notre cerveau, doit posséder des mouvements d'une vitesse extraordinaire, si l'on en juge par les émanations extrêmement fluides qu'ils lancent dans l'espace.

Il n'y a pas de corps neutre ou indépendant.

L'homme ne possède pas un corps à lui propre, car, indépendamment des êtres dont il est formé, et qui pensent tous individuellement, il est envahi par des myriades de blocs parasitaires qui vivent à ses dépens et qui sont composés d'animalcules penseurs.

La Terre pense, c'est un être qui sait ce qu'il fait.

La matière, une et indivisible, est toute-puissante, car elle est illimitée.

Elle emplit l'univers, sans jamais créer un millimètre de vide absolu dans les révolutions partielles et continuelles de sa masse perpétuelle.

Cet univers, envisagé ainsi, n'est point impossible à comprendre pour un cerveau humain.

La pierre du chemin est un bloc, composé d'individus qui pensent et agissent.

C'est un amas d'êtres, formant des peuples divers, comme tous les amas, mais il peut avec le temps et les éléments, se transformer en individus organisés, peu à peu, pour la déambulation.

Les cerveaux de corps morts, aux émanations plus lourdes, se décomposent en atomes cérébraux, errant, peut-être longtemps à l'entour de nous, avant de s'incarner à nouveau en des cerveaux appropriés à leur nature.

Nous nous en assimilons constamment pendant notre vie.

———

RIEN NE SE TOUCHE

———

J'ai dit précédemment que l'Univers était une cohésion infinie.

Je dis ici que pas une molécule ne touche réellement une autre molécule.

C'est-à-dire que l'on ne pourrait trouver deux corps quelconques se touchant, ou se soudant.

L'air que nous respirons représente la matière universelle.

Il entoure toujours les corps, petits ou grands, qui évoluent les uns autour des autres sans se toucher jamais.

Les molécules de notre corps ne se touchent point, elles se meuvent en tous sens, en conservant la forme générale, telles les planètes autour du soleil.

L'acier le plus dur et le plus poli n'a pas une seule de ses particules en touchant une autre, car l'air toujours les sépare.

Un millimètre cube d'air peut se dilater, envelopper notre système planétaire et ne pas donner pour cela sa puissance de dilatation puisqu'elle est infinie.

De même que celui que nous respirons peut se condenser à l'infini, et, en supposant qu'il soit de pareille densité dans toute l'étendue de notre système planétaire, il pourrait se condenser encore en l'espace d'un millimètre cube, sans donner sa puissance de condensation puisqu'elle est infinie toujours.

L'air est un, l'air est dieu, il est indivisible.

C'est lui qui forme les différents matériaux de l'Univers, avec sa propre substance.

Il est toujours en mouvement, puisque l'espace est illimité.

Les soleils, les planètes, la terre, les animaux, végétaux, minéraux, le feu, l'eau, tout
enfin, est formé par une seule matière infinie :
l'Air.

Et la molécule la plus ténue que notre
esprit puisse concevoir, est formée de myriades d'autres molécules évoluant sans se
toucher jamais.

LUEUR SOLAIRE

————

Le soleil luit-il véritablement?

Je ne crois pas plus à sa lumière directe que je ne crois à sa chaleur.

Il serait certainement dangereux pour moi d'aller dire cela en place publique, c'est-à-dire dangereux pour ma liberté seulement.

Mais si les générations actuelles n'adoptent pas cette affirmation, celles qui suivront penseront différemment.

De même que les hommes ou tous êtres quelconques, le soleil est un animal doué d'intelligence et d'évaporation.

De même que pour la chaleur, c'est la fusion du fluide solaire avec le fluide terrestre, qui produit sur le nôtre la lumière qui nous éblouit.

Je suis convaincu que l'on n'apercevrait plus l'irradiation en question, si l'on pouvait aller dans la direction du soleil, à une certaine distance de notre planète.

Et que si, à cette distance, l'émanation terrestre agissait encore sur la nôtre, notre sphère nous apparaîtrait lumineuse à son tour, en supposant toutefois que notre corps ait conservé son calorique, car il serait gelé depuis longue distance, malgré notre approche de l'astre radieux.

Il y a dans le fait affirmé ci-dessus une source inépuisable de nouvelles théories, dont l'une est particulièrement intéressante.

C'est celle ayant trait aux ronds lumineux reproduits sur le sol par le feuillage de certains arbres.

L'instinct végétal confondrait la raison humaine, si celle-ci pouvait le comprendre.

Et la configuration, la disposition des feuilles

de ces arbres lui ferait certainement établir une corrélation étroite entre les fluides solaires et terrestres combinés et l'instinct offensif et défensif de la verte ramure.

PLANÈTES GROSSISSANTES

La Terre grandit-elle encore?

Ou bien, si sa croissance est achevée, grossit-elle superficiellement?

J'ai dit, je crois, que je la supposais adulte.

Il est bien naturel de penser que les astres que nous voyons évoluer dans l'espace sont des animaux comme nous tous.

Ils sont plus gros, voilà la différence.

Le Soleil n'est pas plus extraordinaire que le ver luisant.

Et tous ces astres, grands et petits, ne doivent peut-être pas vivre seulement d'éther comprimé.

Quelques-uns doivent bien, de temps en temps, s'offrir en pâture aux autres.

Quelle quantité de débris astraux absorbe notre planète par l'un de ses pôles?

Quelle quantité rejette l'autre?

Peut-être serait-il dangereux pour un explorateur de se trouver près du pôle absorbant pendant que nos astronomes observent une pluie d'étoiles filantes.

Les gens que le théâtre et le roman captivent savent que les faits de la vie réelle sont plus émouvants encore, et ce n'est donc que la rapidité avec laquelle se déroulent les faits présentés qui leur procure cette attraction.

Le contraire, et quel contraire! se produisant pour les faits planétaires, il est hors de doute qu'il faut une certaine dose de réflexion et d'imagination pour ne voir dans la composition d'un aérolithe, par exemple, qu'un peu de fiente astrale égarée.

L'individu qui regarde dans son miroir les objets placés à quelques mètres derrière lui les voit plus adoucis que si, à la même distance, il les regardait à vue libre, parce que son regard n'a pas à supporter dans son miroir la même épaisseur d'atomes aériens.

A 100.000 kilomètres de notre planète et avec une acuité de vue proportionnée, l'homme se rendrait compte plus facilement que la Terre n'est qu'un animal.

PRESSIONS LIQUIDES ET AÉRIENNES

———

Des savants ont affirmé que nul être orga-
nisé ne pouvait vivre au fond de la mer;
parmi ses couches profondes, veux-je dire.

Et cela parce qu'il en aurait été sérieuse-
ment aplati, etc.

Les sourires provoqués par certaines asser-
tions scientifiques sont très doux généralement.

Mais il vaut mieux provoquer le sourire
que le rire.

Car le rire humain èst bien la plus étrange
et la plus effroyable discordance qui se fasse
entendre sur la Terre.

D'autres savants, depuis, ont affirmé qu'il

13

y vivait des espèces aussi délicates que celles évoluant sur terre.

Je le crois sans même en demander une preuve.

L'épaule d'un porte-faix est compliquée de fibres fort délicates.

Absolument comme celle d'un aristocrate.

Elle supporte cependant le poids de centaines de kilogrammes parfois, et sans dommage.

Le savant croit toujours en la science, surtout en la sienne.

Il n'admet point qu'elle n'est qu'une hypothèse appliquée aux aspirations et aux besoins divers de chaque époque.

La science varie comme tout varie dans l'Univers.

Quant à la pression aérienne, j'ai affirmé que l'air est l'unité universelle.

Que l'espace sans limites est empli d'une seule et même matière, l'air, qui se condense ou se dilate à l'infini, qui crée et forme tous êtres, tous éléments.

Si notre planète s'arrêtait subitement en sa course, l'homme mourrait aussitôt, parce que l'air, n'étant plus refoulé, ne serait plus condensé et n'actionnerait plus ses poumons.

Si la Terre s'arrêtait graduellement, l'homme vivrait peut-être plus péniblement jusqu'à ce que, de génération en génération, ses poumons aient modifié leur structure en conformité d'une plus faible impulsion.

LA COULEUR VERTE

L'air est bleu lorsqu'on en voit une épaisseur suffisante.

C'est pourquoi le firmament nous paraît bleu lorsqu'il est dégagé à nos yeux des amas nuageux qui nous l'interceptent.

Le bleu combiné avec le roux, le jaune ou l'or, se transforme en verts variés, suivant les quantités des tons mélangés et les différentes vitesses de rotation de leurs molécules.

Certains corps, surtout parmi le règne végétal, absorbent une grande quantité d'air qui, se massant et se condensant dans leurs tissus, se combine avec la nuance originelle de ces tissus qui est le roux.

C'est ainsi que le feuillage d'un arbre qui

13.

cesse d'absorber l'air reprend sa couleur ou plutôt sa nuance originelle, rousse ou terreuse.

Quelques animaux font de même, comme certaines espèces de lézards qui possèdent de grandes facultés d'absorption.

Lorsque l'on voit, en pleine mer, disparaître le soleil par un ciel pur, on remarque quelquefois une lueur verte produite par un amalgame fugitif de l'or solaire et du bleu aérien combinés.

L'eau d'un fleuve, d'un lac, d'une mer est également bleue lorsqu'on la voit sur une certaine profondeur.

Lorsqu'elle est verte, elle n'est pas, certainement, dans sa couleur naturelle, et l'on peut en trouver la cause d'après le sol, les plantes aquatiques ou les jeux de lumière.

Lorsque la surface de la mer accuse une teinte métallique, elle ne contient qu'une faible partie de l'air absorbé en temps normal.

Le bleu aérien se distingue parfois dans le sens horizontal lorsqu'on se trouve placé au milieu d'une vaste plaine, limitée, au loin, par de hautes montagnes.

Les couleurs, en général, varient de tons suivant les rotations plus ou moins rapides de leurs atomes, et la même couleur appliquée sur du bois et sur du fer ne donnera pas les mêmes tons.

ECHOS ET STALACTITES

Les masses populaires sont ignorantes parce qu'elles nient souvent les faits qu'elles ne comprennent point, au lieu d'essayer de les analyser par le raisonnement.

Je n'ai pas la prétention de vouloir faire comprendre, au pied levé, les deux sortes de phénomènes que je relate ici.

Je n'en donnerai que les causes premières.

On parle quelquefois de châteaux hantés, de maisons où des bruits singuliers, des cris, des plaintes se font entendre.

Ces bruits, ces cris, ces plaintes sont des échos réfugiés en de certaines cavités disposées particulièrement par des êtres ou des

éléments quelconques et repris après inter-
ruptions même de plusieurs siècles.

Si je suppose un prisonnier ayant été en-
chaîné, il y a mille ans, par exemple, ses cris
désespérés ayant eu une acuité communica-
tive par suite d'une extraordinaire évaporation
cérébrale ont électrisé le heurt de ses chaînes
ou les coups sourds de la porte frappée.

Si leur écho s'est enseveli en partie dans un
mur, une pierre, une excavation quelconque,
dont la disposition le retienne à l'état latent, il
en sortira un jour, un an, un siècle après, en
reprenant sa netteté primitive.

Certains coquillages contournés spéciale-
ment gardent toujours le bruit de la marée.

Les stalactites que l'on découvre dans
certaines grottes et représentant principale-
ment des ornements de palais, d'églises ou
cathédrales sont un produit matériel d'imagi-
nations humaines animées d'une foi sincère
ou d'une admiration profonde.

Non seulement la foi soulève les montagnes,

mais elle les mine réellement par une évaporation cérébrale intense et en reproduisant par une succession de transformations purement physiques et chimiques les images qui l'ont développée.

CERVEAU CRÉATEUR

Nous vivons à une époque où l'athéisme le plus grossier domine les peuples.

J'entends par athéisme grossier celui qui se présente sous la forme d'une négation irraisonnée.

On nie Dieu, c'est-à-dire la puissance infinie, sans offrir un argument de réelle valeur à l'appui de cette négation.

On nie Dieu, parce qu'on ne le voit pas sous une forme tangible.

On ne se donne même pas la peine de chercher à le comprendre.

On nie également les miracles ou phénomènes d'ordre physique que peut provoquer une foi sincère.

Ces miracles, pourtant, ne sont que peu en comparaison de la multitude de ceux qui se produisent autour de nous et... en nous-mêmes.

Je vais, ici, affirmer un fait.

Toutes les images que produit notre imagination existent matériellement aussitôt que notre cerveau les a conçues.

Voilà une affirmation qui paraîtra étrange.

Et cependant cela est.

Si le cerveau humain, ou animal, imagine en sa pensée la forme d'un être ou objet quelconque, montagne, rivière, astre, pierre, arbre, trépassé, bête féroce ou monstre horrible, etc., tout cela existe réellement aussitôt conçu.

Cela existe matériellement, et la matière est fournie par les émanations cérébrales.

Et puisque la photographie est un art et même une science très en pratique aujourd'hui, je prétends qu'il existe et qu'on trouvera peut-être des moyens de photographier les images, même les plus étranges, que pourra concevoir notre cerveau.

Je répète que tous les phénomènes que nous voyons ne sont rien en comparaison de ceux que nous ne voyons pas ou que nous ne savons pas voir.

MAGNÉTISME ET PERSÉCUTION

Certaines natures sensitives se plaignent de persécutions incessantes et qui n'existent pas visiblement pour leur entourage.

Nos corps médicaux de même que le populaire ne voient en cela que les effets moraux d'une maladie.

Mais en réalité ces malades ne le sont pas, car ils sont parfaitement les victimes poursuivies par une accumulation incessante des faits qu'ils redoutent.

Je ne dirai rien de ceux qui voient des ennemis partout et des assassins en tous lieux, car cela procède, au fond, du même genre de magnétisme que pour celui qui craint le voisinage des chiens, par exemple, et qui trouve constamment ces animaux sous ses pas.

Et pour cet autre qui, craignant le coudoiement dans une foule, est coudoyé bien plus souvent en réalité que celui qui ne le craint pas.

Des faits considérés comme banals abondent dans ce sens, car tels individus désirant passer inaperçus dans une cohue, ne font que rencontres. Et tels autres désirant ces rencontres ne verront aucun visage connu.

Cela se définit, paraît-il, par le mot « hasard ».

Il existe d'autres individus qui se trouvent toujours présents lorsque leur prochain court quelque danger, ils n'ont qu'à faire agir leur volonté pour le sauver.

Un certain nombre de ces sauveteurs comptent vingt à cinquante sauvetages pendant le cours de leur vie, ce qui est, je crois, aussi extraordinaire que les plaintes d'un persécuté incompris.

Les deux cas relèvent du magnétisme, et ces sauveteurs dont la fierté a été caressée dès leurs débuts par des louanges ou des récompenses se sont créé une idée fixe, par le désir constant de trouver des victimes sur leur chemin.

C'est une fascination à distance, et nos effluves cérébraux valent bien le fil métallique qui transmet une dépêche en Chine, car un joueur de boules pourrait faire dévier son engin, de son seul regard.

LE FEU

Je conçois le feu comme une désagrégation anormale d'un corps quelconque.

Une violence exercée sur ses molécules superficielles.

Ce qui est le contresens d'une loi naturelle, d'après laquelle l'évaporation d'un corps doit se faire de l'intérieur à l'extérieur.

Des molécules solaires se combinant avec celles de certains corps vaporeux contenus dans l'écorce d'un arbre, par exemple, peuvent enflammer cet arbre, dont les particules les plus légères d'abord, subiront la nouvelle et rapide impulsion donnée et la communiqueront bientôt aux autres.

Quant à la cendre, qui refuse toute impulsion de molécules solaires ou terrestres, elle a peut-être en réserve une très grande destinée, malgré sa stérilité apparente.

L'eau n'éteint pas le feu, dans le sens radical.

Elle imperméabilise les particules prêtes à tournoyer au contact de celles déjà tournoyantes, et arrête la rotation de ces dernières qui s'évaporent en fumée mêlée à la vapeur de leur ennemi.

Les mouvements intérieurs de notre planète sont certainement fort rapides, surtout parmi ses organes principaux de vitalité.

La lueur ambiante du feu n'appartient pas à ce dernier.

Le feu n'est qu'un intermédiaire de transformation, et sa lueur se compose des particules du corps brûlé, dont les nouveaux mouvements se combinant avec ceux des effluves terrestres, forment un amalgame rapide, irradiant nos propres émanations cérébrales.

Certaines autres lueurs agissent sans l'intermédiaire du feu.

Le corps d'un ver luisant, l'œil d'un fauve dans les ténèbres, projettent directement leurs lueurs, qui ne sont lueurs que pour nous.

RELIGIONS

Les religions sont la meilleure hygiène de l'esprit et du corps.

Les individus qui s'en déclarent les adversaires n'en comprennent pas les bienfaits.

Ce sont, généralement, les classes moyennes des peuples qui fournissent la majeure partie des athées.

L'humble classe, bien réduite aujourd'hui, du bon paysan naïf et honnête, croit en Dieu par intuition.

La classe des intelligences d'élite croit en Dieu par déduction.

Dieu veut dire : force illimitée, puissance infinie, cohésion universelle.

Si je suppose un homme assez colossal

15

pour pouvoir avaler le soleil sans difficulté, cet homme ne sera pas plus puissant que nous, en face de la matière sans bornes.

L'une des plus belles religions est celle dont le Christ a semé les germes sous la forme de sentences absolument divines de vérité.

Ses propagateurs ont ajouté la Douceur à la Beauté, en instituant le culte de sa mère.

Les masses populaires ne comprennent point qu'une religion doit être parée pour être bien pratiquée.

Comme un mets doit être épicé pour être bien dégusté.

Le ciel et l'enfer sont présentés sous une forme tangible afin de mieux inculquer l'idée de la justice éternelle, c'est-à-dire la loi des compensations.

Et comme nous ne mourons pas, dans le sens absolu du terme, mais que nous nous désagrégeons simplement, esprit et corps, en abandonnant notre forme humaine pour aller participer à la combinaison d'autres corps, les mânes ou molécules de l'esprit méchant erreront et souffriront, et ne pourront s'incarner à nouveau qu'en des formes de brutes.

Tandis que les atomes de l'esprit juste et bon trouveront l'incarnation chez des êtres d'une essence supérieure à celle de notre pauvre humanité.

CE QUI N'EXISTE PAS

Quels sont les termes dont on se sert pour désigner ce qui n'existe pas en réalité ?

Ce qui n'a pas de vie, ce qui n'a pas de place marquée dans le mouvement universel.

Le Vide, le Son, la Forme, le Temps, le Néant sont des « choses » immatérielles et auxquelles j'ajouterai la Lumière.

Le Vide n'existe nulle part, car l'Univers est fait d'une matière unique et illimitée, se dilatant ou se condensant à l'infini et sans arrêt.

Je dis autre part que l'Air est cette matière unique qui forme tous êtres et tous objets.

15.

Le Son n'est qu'une agitation aérienne, se répercutant sur l'ouïe.

La Forme qui nous paraît sédentaire, ne l'est jamais en réalité, car aucun corps dans l'Univers ne conserve une forme définie, même une seconde ou fraction de seconde.

Rien n'est immuable, tout se meut parmi les molécules et les molécules de molécules qui forment en apparence des corps quelconques.

Le Néant n'existe pas, l'Avenir même n'est pas dans le néant : il existe, par cela seul qu'il aura fatalement son tour, puisqu'il sera amené par l'Éternité.

Le Temps n'existe pas, naturellement.

La Lumière est immatérielle, en tant que lumière et n'est produite que par une diffusion moléculaire des émanations astrales avec celles de notre planète ou de ses voisines.

Cette diffusion irradie nos propres émanations cérébrales en les excitant.

L'analogie est la même que pour la chaleur
solaire, qui n'existe pas davantage en tant
que chaleur, et dont je parle autre part.

ÉVAPORATION CÉRÉBRALE

Le cerveau humain dégage une grande quantité de fluide à l'état ordinaire.

A l'état de surexcitation, ce fluide acquiert une puissance telle qu'une foule animée d'un même et violent sentiment peut provoquer des désordres atmosphériques.

Une certaine quantité de cerveaux assemblés peut faire produire un orage par suite d'une évaporation extraordinaire de ces cerveaux.

J'entends par évaporation extraordinaire celle qui résulte d'une douleur publique, d'un effroi général, d'un courroux profond, d'une prière commune, etc.

J'ai assisté dans la ville de Lyon aux funérailles d'un président de la République française, assassiné dans cette ville.

Ce magistrat avait une réputation d'inté-
grité et de noblesse dans ses fonctions qui
lui avait gagné les cœurs du populaire.

Le jou même des funérailles, la ville se
couvrit d' un brouillard dense, malgré la
saison.

C'était vers la fin de juin.

Le soleil offrait l'aspect d'un disque rouge
brun et facile à fixer à l'heure de midi.

La mort du Christ ayant provoqué une
émotion beaucoup plus forte encore fut accom-
pagnée d'orages.

L'évaporation trop intense qui ne pourrait
se dégager d'un cerveau provoquerait l'avia-
tion, même chez un individu éveillé.

Elle soulève quelquefois notre corps pendant son sommeil, et la chute qui s'ensuit
nous réveille.

Comme celle du corps, l'évaporation du

cerveau se fait plus parfaitement pendant le sommeil et précipite plus facilement le mal au dehors.

Le bien lui vient aussi en dormant.

TRANSFORMATIONS ANIMALES

––––

Les filières animales n'ont, en réalité, aucun point de départ parmi la matière, car cette dernière est illimitée.

Qu'était donc le requin avant d'être requin ?

Je n'ai pas l'intention de chercher aussi loin en ce moment, et préfère revenir du requin jusqu'à l'homme en passant par le phoque, l'hippopotame, le rhinocéros, le bison, le sanglier, l'hyène, l'écureuil et le singe.

Il est certain que les espèces reliant les points de repère fantaisistes cités dans cette énumération sont innombrables.

Il est, en outre, assez rare qu'elles aboutissent vers une Humanité.

Elles dévient souvent, et les causes de ces déviations sont nombreuses.

Si je domestique un zèbre pour le monter et parcourir le désert, il broutera plus souvent les feuillages des rares oasis qu'il ne fouillera dans un sac de graminées.

Et mon zèbre s'appellera girafe dans un cent de siècles.

Lorsque l'homme utilisait des moutons ou similaires pour quelque genre de transport insoupçonné de nos jours, ces moutons, dont l'énergie était sans cesse réclamée, se sont développés, mais l'agenouillement leur a déformé les genoux et la maigre nourriture cueillie à distance leur a allongé l'encolure, soit en broutant aux arbres, soit en atteignant quelque brin d'herbe, étant chargés.

Aujourd'hui ce sont des chameaux dont la ou les bosses ont encore été créées par l'asservissement. Et les différents genres de bâts qu'ils ont eu à supporter ont provoqué un cintrage de leur épine dorsale, laquelle ne se modifiera plus de longtemps, la force de résistance étant acquise maintenant.

POISSONS ROUGES
ET FEUILLES MORTES

———

Le cerveau est le grand architecte du corps humain, ainsi que de tous les corps, car tous les corps ont un cerveau, ou point de départ de leur vitalité.

C'est le cerveau qui forme le corps, le modifie dans la suite de ses reproductions suivant ses nouveaux besoins, ses nouveaux penchants.

Tout homme a le pouvoir de se faire pousser une verrue sur le nez s'il peut se créer une idée fixe.

Il est aisé de prendre un enfant en bas âge et de lui offrir sa nourriture à distance calculée, de façon à lui faire tendre le col

chaque fois, et de plus en plus, graduellement.

Ce col sera bientôt hors de sa proportion.

De même pour d'autres membres ou organes.

Un fait remarquable également, c'est la
couleur que certains animaux s'approprient
afin de dérouter les regards ennemis.

L'ours blanc se distingue moins sur son
glaçon et l'ours brun se cache mieux dans sa
caverne.

Nombreux sont les animaux que l'observateur peut admirer dans la similitude qu'offre la nuance de leur enveloppe avec les lieux
qu'ils habitent ou fréquentent.

Les poissons rouges d'un bassin ombragé
se confondent admirablement avec les feuilles
mortes tombées à fleur d'eau.

Ils sont d'abord bruns, puis striés rouge et
brun, puis rouges, et ensuite lorsqu'ils avan-
cent en grosseur ils deviennent blanc rosé,
puis blanc terreux.

Ils suivent les mêmes étapes que les feuilles mortes tombées, adoptant l'ordre dans lequel elles se décomposent.

Et maintenant si les premiers hommes ont fait de même lorsqu'ils habitaient des cavernes, leur noir était bon teint, car le vieux peuple chinois n'est pas encore blanc !

LE VIDE

Le vide n'existe nulle part.

Un boulet de canon allant de la terre au soleil en une seconde, par exemple, ne formerait pas derrière lui un millimètre cube de vide pendant un millième de seconde.

Mieux encore.

Si ce boulet rencontrait exactement sur sa route ce même millimètre cube de vide, il ne le franchirait point.

Dévierait-il ? Se briserait-il ? Tomberait-il ? Reviendrait-il ?

Mais il ne le franchirait point.

L'attraction des astres n'existerait pas si le vide existait entre eux.

La matière est infinie en étendue, car elle n'a aucune limite.

C'est une force illimitée, sans cesse en transformation.

Une âme simple la devine et l'appelle Dieu.

Une âme élevée la raisonne et l'appelle Dieu.

La matière est une et indivisible.

Je conçois l'air pur comme matière unique, se condensant de ci, se dilatant de là et formant tous êtres et tous objets, sans trêve et sans arrêt.

L'air est l'élément universel.

Le minéral est composé d'air condensé par rapport à notre propre densité, et la lumière ou émanation astrale est composée d'air dilaté.

On devrait comprendre sa mobilité obligatoire, puisqu'il est infini.

Et je répète que le vide ne peut pas exister, que ce serait un non-sens, qu'un projectile n'en fait pas, parce que l'air fait corps avec lui, en se dilatant malgré la vitesse acquise.

Le chimiste ne fera jamais le vide absolu dans ses appareils.

RIDES TERRESTRES

———

Quel âge peut avoir la Terre?

Ou plutôt, à quel moment de son existence appartenons-nous?

Jeunesse, maturité, vieillesse sont trois points déterminés dans la vie d'un homme.

Mais dans celle d'une planète?

Je lui suppose la force de l'âge mûr tout au plus, car elle paraît n'en être encore qu'à ses premières rides.

Et ces premières rides ne sont que superficielles, ce ne sont point des sillons.

Si la lune pouvait les voir, ce ne pourrait être qu'avec une loupe.

Et cependant, elles sont déjà nombreuses, nos routes ferrées de rails.

Puisque la terre est un animal qui pense et agit, elle se ridera comme animaux quelconques, comme végétaux, minéraux.

Chez l'homme, les maladies activent souvent l'éclosion de rides.

Je vais supposer notre planète malade pendant une centaine de siècles :

Ses sources seront moins abondantes ;

Ses évaporations ne rendront plus la même masse d'eaux fertilisantes.

L'homme, alors privé de plus en plus de cet aliment indispensable à son existence, n'aura d'autre moyen de défense que la création d'innombrables canaux captant à leur passage ce qui restera des fleuves d'antan.

Ce seront là des rides plus accentuées.

Rides terrestres créées par des infiniment petits, par des peuples d'animalcules penseurs, par les hommes enfin.

Et cela se passe de la même manière pour nous.

ÉTOILES

———

J'ai fait remarquer précédemment que toutes les formes s'agitant dans l'espace, toutes les images plus ou moins stationnaires en apparence, l'insecte qui vit un jour, une seconde et moins, les planètes qui vivent cent mille siècles et plus, sont formés de particules ne se touchant jamais et tourbillonnant, évoluant, gravitant sans cesse, les unes autour des autres, tout en respectant la forme fugitive du corps, de l'image, à la configuration desquels elles participent jusqu'à la mort ou désagrégation d'iceux.

Lesdites particules qui ont elles-mêmes une forme momentanée sont composées à leur tour d'autres particules qui gravitent également dans la sphère qui les retient temporairement.

Et ainsi de suite sans limites aucunes, car l'Infini existe dans le petit comme dans le grand.

Le soleil accompagné de ses satellites gravite lui-même autour d'un autre astre qui, à son tour, fait de même.

Si je suppose une centaine de milles de systèmes solaires évoluant dans l'espace et formant par leur configuration l'image, le corps d'un être ressemblant à un homme, par exemple, et que cet homme habitât une planète proportionnelle à la nôtre, quelles pourraient être les dimensions de l'un et de l'autre ?

Par combien de trilliards de lieues s'établirait la longueur du nez de cet homme?

Et cependant la planète qui le porterait ne serait pas même un point infime dans l'immensité de l'espace infini.

L'homme est une molécule terrestre qui a

son utilité pour notre planète, à moins qu'il
ne soit qu'un microbe malfaisant destiné à lui
contaminer son épiderme.

HISTOIRE D'UN GALET

———

Le cerveau est un assemblage de peuples.

Tous corps divers modifient leurs structures ou leurs configurations suivant leurs nouveaux besoins.

Il y a cinq cents siècles, peut-être cinq cent mille, un galet fut jeté hors la limite d'une grève par une mer agitée.

Il croupit quelques milliers d'années parmi des terreaux humides.

Il se crevassa, il se creusa peu à peu sous la chute de gouttelettes marines égarées.

En ses parois poreuses, se réfugièrent pendant longtemps des atomes cervicaux échappés de corps morts.

Des milliards de peuples animalcules y vécurent d'abord en désaccord, puis fusionnèrent dans la suite.

Au fond de cette sébille, une sorte de marais minuscule, glauque et stagnant, se formait.

Sous sa surface durcifiée, une matière gluante se mouvait lentement, quoique les mouvements des animalcules qui la composaient fussent d'une rapidité inimaginable.

C'était un cerveau.

Cet amas ténu de matière malléable vivait déjà, il pensait, il aspirait à se mouvoir, et cette aspiration première provenait d'une forte modification et d'un grand changement d'existence chez les milliards de peuples moléculaires qui le formaient.

Sous la poussée incessante de ses désirs, des fibres se formèrent.

Des anneaux succédèrent, la gélatine se prolongeait.

Des muscles succédèrent, la gélatine rampait.

Des membres succédèrent, la gélatine marchait.

Ecce homo!

COURANTS D'AIR

———

Dans le cours de cet ouvrage j'ai dit plusieurs fois que les courants d'air étaient la seule cause de nos maux physiques ou intellectuels.

Je dis « intellectuels », car la folie ou le rhumatisme sont issus de la même cause.

Aucun individu ne jouit d'immunité à ce sujet.

Mon intention n'est pas de développer ici la longue série des effets produits par les différentes sortes de courants, lesquels sont créés par les différentes dispositions des baies pratiquées aux logements des hommes et de leurs animaux domestiques.

Telles dispositions d'ouvertures forment

tels courants, et tels courants affectent tels de nos organes.

Ces ouvertures aux pays chauds, par exemple, sont généralement disposées pour établir un courant de bas en haut et affectent de préférence les yeux et l'abdomen.

La cécité n'y est point rare, et la peste, le choléra ou maladies d'intestins quelconques y sont à l'état endémique.

Une habitation, un véhicule dont les ouvertures sont disposées d'un seul côté contiennent un air sain.

Lorsque ces ouvertures sont disposées face à face, de biais, ou si, par une disposition intérieure de la maison, il se forme un tirage, un appel, le courant d'air se forme malsain, surtout si l'air intérieur est vicié par des émanations contagieuses.

Les épidémies de casernes ou agglomérations quelconques n'ont pas d'autres causes.

Les vagues ondulatrices de l'air extérieur, se heurtant dans une habitation, se brisent et se

transforment en myriades de cyclones minuscules qui dévastent notre épiderme ou nos
respiratoires organes.

Sous leur influence, les pores se contrac-
tent, nos émanations arrivant au contact de
l'air ne se liquéfieront plus normalement, et
seront en partie refoulées et transformées en
pus.

Le pus campera sur un organe quelconque
et le médecin indiquera le nom de la maladie !

PREMIÈRE CRITIQUE

———

La science humaine a toujours été variable.

Et tels principes adoptés par les savants de la veille sont discutés par les savants du jour, puis repoussés par ceux du lendemain.

La physique admet un feu terrestre intérieur.

Est-ce parce que des volcans ont craché des matières en ignition ?

Mais ces matières n'ont pu prendre feu qu'en parvenant à l'orifice de la croûte terrestre !

Il ne serait pas plus insensé d'affirmer que notre sueur arrive, sous forme liquide, de nos tissus intérieurs.

Car il est à croire qu'elle est gazeuse avant d'atteindre notre épiderme.

Elle ne se liquéfie intérieurement que lorsqu'elle est refoulée sous l'influence d'un courant d'air, et forme bientôt le pus germinal engendrant nos diverses maladies.

La chimie considère notre atmosphère comme composée de deux corps essentiels :

L'oxygène et l'azote.

Mais, le dernier émane directement de notre planète, et n'a rien de commun avec l'air pur, dans lequel se meuvent tous astres ou noyaux quelconques, formés par lui dans l'infini de sa mobilité.

Que les corps humains ou similaires ne puissent vivre sans l'azote, et même l'hydrogène, c'est fort naturel, puisqu'ils prennent vie dans ce mélange.

Mais l'air pur est une matière qui n'appartient pas plus directement à la terre que l'eau refoulée par une baleine en promenade n'appartient à cette dernière.

Si l'air appartenait à notre planète, sa pression ne se produirait pas verticalement.

L'air pénètre tous les corps, et tous les corps sont formés de sa substance.

Ce qui n'implique pas, cependant, l'obligation de le confondre avec des corps différents pour nous, et d'en former un seul élément.

L'Univers est composé d'un seul corps simple, l'air, qui est le seul cohésif dans sa pureté et qui n'est formé d'aucunes particules.

DEUXIÈME CRITIQUE

L'astronomie prétend peser, cuber ou mesurer les astres.

C'est prétentieux, en effet.

On est souvent victime de mirages ou d'hallucinations de perspective sur notre propre planète, et on n'en admettrait pas pour des distances où l'air vierge peut ne pas fournir les mêmes mensurations que notre air dénaturé?

Ainsi que l'eau refoulée, l'air refoulé par la terre ne peut conserver son même sens et ses mêmes ondulations.

L'astronomie dit et croit encore que le soleil nous éclaire lui-même.

Est-ce parce qu'il projette son évaporation

18.

sur la lune, comme sur la terre, que nous pouvons admettre, comme une preuve, la lumière qui semble en résulter.

J'ai déjà dit que c'est l'amalgame de notre propre évaporation cérébrale, avec celle de la terre et celle des astres, arrivant jusqu'à nous, qui produit sur nos sens visuels l'irradiation qui nous paraît lumineuse.

Si cette irradiation venait à disparaître, l'homme verrait tout aussi bien lorsque les siècles auraient modifié sa vue sous l'empire de la nécessité vitale.

Certains animaux ne voient que la nuit.

D'autre part, et en admettant les volumes respectifs du soleil et de la terre, ainsi que la puissance lumineuse du premier, pourrions-nous donc voir les étoiles, même à minuit ?

Lorsque l'astronomie considérera la terre comme un animal, elle saura pourquoi l'aiguille aimantée est attirée vers le nord-pôle.

Une aiguille de ce genre, pesant quelques centaines de kilogrammes, pourrait être fixée à la nacelle d'un ballon dirigeable, monté par un explorateur dudit pôle. Celui-ci, nouveau Jonas, en verrait peut-être le fond.

TROISIÈME CRITIQUE

———

La psychologie n'a que conjecturé, jusqu'à présent sur la cause réelle de notre pensée, de notre volonté, de notre entendement.

Et pourtant elle affirme aussi que l'espace est infini, que le temps est infini, que tout est infini.

Mais, alors, l'infini existe bien dans le petit comme dans le grand?

Notre pensée n'est donc, absolument, qu'une matière dont la ténuité est infinie, puisqu'elle vole, d'un seul bond, au delà de tous les astres que nous connaissons.

Ce n'est donc, toujours, que de la matière qui franchit ainsi l'espace.

Et l'on ne voudrait pas admettre qu'une

fluidité pareille, dominant ou se soumettant, suivant la position fugitive des atomes ou éléments ambiants, ne puisse provoquer, par affinité, nos mouvements soi-disant volontaires?

Oh! je sais que le cerveau humain ne comprend pas aussi bien l'infiniment petit, que l'infiniment grand, car sa nature tend plutôt à l'épanouissement qu'à la concentration.

Mais, puisqu'il a créé les mathématiques, la géométrie, pourquoi ne s'en sert-il point pour le comprendre?

Peut-on fractionner, sans cesse, un nombre quelconque, et parvenir à obtenir zéro?

La géométrie ne peut-elle imager l'univers par une spirale sans bouts.

La physiologie, également, se confine au point de ne pas faire descendre notre espèce plus bas que celle des gorilles, ou analogues.

Mais, il faudrait être bouché, et même cacheté, pour ne pas comprendre que notre filière ne peut pas avoir ce commencement puisque l'infini et l'éternel sont admis comme immuables dans la succession de toutes transformations.

QUATRIÈME CRITIQUE

Il me reste à critiquer la médecine, que je considère comme aussi coupable qu'ignorante, parce que l'amour de sa conservation et la soif de sa renommée lui ont fait rechercher des remèdes, merveilleux en apparence, mais toujours nuisibles dans la suite ; au lieu d'avoir cherché, trouvé et exposé la cause de nos maux.

Cela seul a entravé la marche de l'humanité vers une plastique perfectionnée, qui serait peut-être déjà atteinte.

J'ai dit que, seul le courant d'air nous procure des maladies, et je comprends que la gent médicale ne désire pas la suppression de cette cause, car il faut bien maintenir ce fruc-

tueux sacerdoce, afin de donner un but à la
vie de trop nombreux adeptes et... sacrifica-
teurs !

Si le juge condamnait, à perpétuité, les
malfaiteurs trois fois récidivistes, il n'y aurait bientôt que fort peu de juges.

Lorsque je pense aux doctes assemblées
tenues par ces comiques bourreaux de détail
ainsi qu'à l'admiration stupide des foules
pour leurs burlesques théories, comme celles
des traitements glacés, par exemple ;

Lorsque je pense, surtout à ces grands mi-
crobiens qui nous inoculent une maladie
pour nous en préserver, et en vertu, probablement, de cette remarque, que les pots
fêlés ne se cassent pas !

Cela me rappelle le dicton « un perdu,
dix trouvés » ; car, pour une maladie préve-
nue, dix autres se déclarent auxquelles ils ap-
pliquent des noms fantaisistes comme : ané-
mie, tuberculose, influenza, etc., parce qu'ils
sont incapables d'en soupçonner l'origine.

Le mal ne se guérit jamais.

Il peut disparaître en apparence, chez un individu, mais il se déclare, plus tard, sous une autre forme.

Ou bien, il suit son cours parmi l'espèce.

L'individu, propriétaire d'un « grain de beauté », d'une « envie », d'un « goitre », l'aveugle, le sourd-muet, le difforme, etc., possèdent un extrait de mal ancestral.

Je dis, pour la dernière fois, sans courants d'air, pas de maladies.

Et je prétends parcourir, sans risque, des foyers épidémiques, et toucher des pestiférés si je puis faire disposer selon mes principes l'aération des salles infestées.

Car le germe d'une maladie ne s'implante en notre épiderme, ou dans nos voies respiratoires, que sous l'influence dévastatrice et perforatrice de minuscules cyclones aériens contaminés.

CONCLUSIONS

Je termine en m'adressant à la Physiologie,
à la Psychologie, à la Physique, à la Chimie,
à la Médecine et à l'Astronomie :

Toutes les preuves que vous croyez trouver
dans vos recherches ne vous apparaissent
réelles, bien souvent, que par votre désir de
les voir telles.

Seule, la Métaphysique intelligente peut
obtenir des résultats.

Car nous possédons, en notre cerveau, le
germe idéal des vérités éternelles.

Je présente donc ici deux principes de base
et je dis :

Puisque l'Univers est illimité, il est donc

toujours en mouvement, soit dans sa dilatation, soit dans sa condensation.

Le mouvement n'est que la vie, puisque la
vie n'est que mouvement.

Alors tout vit.

Et, puisque tout vit, les astres vivent.

Et si les astres vivent, ce sont des êtres.

Voilà pour le premier principe.

Je passe au second.

Quelle est la plus grande étendue perçue
par notre regard ?

C'est l'espace, ou ce qui nous paraît tel.

Par quelle matière est-il empli, puisque le
vide n'existe pas ?

Par l'air qui est la base universelle.

C'est l'air qui nous fait vivre, et c'est l'air
qui nous tue.

Serai-je compris de ce temps ? j'en doute !

Ils ont deux yeux pour ne point voir,
Et deux oreilles pour n'entendre,
Un cerveau pour ne point comprendre,
Une langue en chair d'encensoir,

DIALOGUE HOMO-TERRESTRE

Terre, je t'ai comprise. Humble parmi les hommes,
Je sais ce que tu es, je sais ce que nous sommes.
Toi, particule errante, atome en l'Infini,
Ton labeur est connu, ton rôle est défini.
Tu n'es qu'un parasite au corps d'un plus grand être
Que je ne conçois pas, mais qui pourrait peut-être
Recueillir dans sa main cent mille astres perdus;
Comme nous, possédant des enfants, des ancêtres;
Ayant ses dieux, ses lois, ses esclaves, ses maîtres,
Ses amours, ses plaisirs, ses vices, ses vertus.
Terre, as-tu parcouru dans sa grandeur extrême
Ce corps, vaste pour toi, mais bien petit lui-même,
Car il est, à son tour, ce colossal géant,
Particule d'un corps toujours encor plus grand.

Le connais-tu, dis-moi, cet être que tu hantes,
Dans lequel tu te meus ? Sur sa masse grouillante
D'astres et de soleils serais-tu l'un des poux ?
Oh ! ne t'indigne pas, car sur ta carapace
Des poux vivent nombreux, et leurs diverses races
Sur ta circonférence ont creusé bien des trous.
Tu te moques, je crois ; c'est ton droit, ô planète.
Tu ne crains pas, dis-tu, que si petite bête
Puisse un jour empêcher ta masse de planer ;
Mais écoute ceci : Sache que notre race,
Parmi les animaux qui couvrent ta surface,
Forme le Genre humain. Elle a pu dominer,
Dompter et subjuguer d'autres races sans nombre,
Combattant au grand jour, luttant dans la nuit sombre,
Pour conquérir le droit de vivre sur ta peau,
Le droit de te fouiller et saisir les mystères
Que recélait ton sol. Sous la hutte éphémère
Les hommes ont longtemps contemplé des berceaux ;
Ils ont trouvé longtemps refuges et tombeaux ;
Ils ont songé longtemps en sondant les abîmes,
En cherchant du regard les invisibles cimes
Que devait évoquer leur esprit, faible encor.

Ils ont banni l'Instinct, ce moteur de la bête,
Adoptant la Raison qui modela leur tête,
L'arrondit, lui donna la forme de ton corps.
La forme de ton corps... Une époque lointaine
M'apparaît... J'entrevois sa lueur incertaine
Qui franchit en l'espace un parcours effrayant.
Elle vient jusqu'à moi... ; mon cerveau s'en empare.
La lueur, à présent, est un immense phare
Baignant de sa lumière un point du Firmament.
Je distingue bientôt un globe rayonnant,
Et reconnais Phébus ! Mais quel est ce mystère ?
Il porte dans son sein l'embryon de la Terre !
Je vois, j'entends, il gronde ; il pâlit maintenant ;
Il tremble, et sur son flanc s'ouvre un large cratère
D'où s'échappe et bondit un bloc incandescent,
Météore saignant, émergeant d'un nuage,
Bolide frémissant se frayant un passage
A travers l'océan de l'Ether ébranlé.
Puis calmant son essor, cet astre nouveau-né
Est emporté bientôt par l'attractive sphère
Du foyer maternel, nourricière solaire !
Et, tout en grandissant, ce planétaire enfant

Décrivait en sa course une immense spirale
Dont la mère occupait l'extrémité centrale.
Hein, planète, est-ce vrai? Est-ce un rêve dément?
Toi-même n'as-tu pas frémi dans tes entrailles?
Mère... tu l'as été, ne crois pas que je raille ;
Mais à ta bonne foi j'en appelle vraiment,
Car je n'invente rien ; je comble une lacune
En criant aux Humains que ta fille est la Lune.

Es-tu donc le grand Chef des êtres de la race
Pour me parler ainsi. Lorsque ma peau s'encrasse
J'éprouve bien parfois quelque démangeaison.
Avant-hier encor je sentais la vermine
Pulluler sur mon corps. Tu vas bien, j'imagine,
Me donner de ce fait quelque bonne raison.

Ta grosseur, ô planète, excite ton courage ;
Mais ton esprit ne peut cacher la folle rage
Qu'a provoquée en toi mon logique discours.
Avant-hier, dis-tu, te couvrait la vermine.

La crasse, ce jour-là, s'étalait sur ta mine
En couche plus profonde et s'offrait en séjour
A plus grands animaux, voilà toute l'histoire.
Nous en trouvons encor quelques vagues débris,
Car ils ont disparu lorsque tu as compris
Qu'il fallait pour ta peau l'effet d'un purgatoire !
Tu t'es fait transpirer… ; dis-le donc sans détours.
Ta dernière suée a supprimé les jours
De nombreux animaux, et, dans ce jour de fête,
Mastodonte et fourmi grosse et petite bête,
Ont trouvé le trépas dans l'inondation…
Quelques-uns, cependant, en faisant diligence,
Avec quelques humains doués d'intelligence,
Après avoir atteint haute élévation,
Ont pu continuer leur procréation,
Et, suivant leurs besoins variant leurs espèces,
Leurs formes, leurs couleurs, reproduisant sans cesse,
Ont semé sur ton corps nouveaux échantillons.

Ha ! ha ! ha !… Les humains, par ma foi de planète,
N'ont plus en ce moment une assez ronde tête

Pour comprendre cela ; ils t'appelleront Fou.
Leur crâne est déprimé depuis de bien longs âges.
Leur esprit comprimé ne lit plus les Présages
Et des Mondes passés ils ne sont plus jaloux.
L'Ether que je refoule est pour eux l'Atmosphère.
Mes frissons sont pour eux des tremblements de terre.
Mes sueurs sont pour eux fleuves, lacs, océans.
Mes anthrax sont pour eux cratères et volcans.
Ma crasse, que moisit l'odeur de mon haleine,
N'est, pour eux, que forêts, fleurs, jardins, et leurs veines.
Palpitant sous le rut, célèbrent le Printemps !
A toi, qui te prétends, parmi les congénères,
Capable de connaître et juger ces mystères,
Je veux bien concéder un socle original :
Mais tu choisis en moi trop vaste piédestal,
Et de te riposter il ne m'est difficile.
Imaginer, c'est bien ; la chose t'est facile ;
Mais je veux te prouver que cela ne suffit,
Car si large est mon corps, étroit est ton esprit.
J'accorde à ton espèce une suprématie
Sur tous les animaux qui vivent de ma vie.
Parasites régnants, vous êtes, aujourd'hui ;

Mais demain, comme hier, votre race aura fui
Dans l'espace sans fond, vers le lointain sans bornes.
Les tempes de ton front ont, jadis, été cornes.
Jadis, tu as rampé ; ver de vase ou python.
Pattes d'hier, tes mains seront demain des palmes.
Tu seras plus heureux, car tu seras plus calme...
Bipède, quadrupède, amphibie et poisson ;
Tu reviendras ainsi plus tard dans mon limon !
Limon du fond des mers, limon qui donna vie
A tes premiers aïeux. Leur liquide patrie
Conservait bien plus pur l'extrait de mon cerveau
Que déversaient sur eux les fleuves de mes eaux.
Tu ris... ; mais saches bien que l'esprit d'une moule
Est plus sage et plus sain que celui de vos foules.
Ton fol orgueil d'humain résiste, je le vois :
Tu n'as donc pas compris ?

Planète, écoute-moi.
Puisque ainsi tu le dis, ton esprit est le nôtre ;
Verrons-nous, d'un Dieu bon, d'un Dieu juste, un apôtre
Le prouver, personnel, maître de l'infini ?

20

Jamais, car en tous lieux nul être n'est fini.
Toujours se transformant, l'éternelle Matière
Vit et meurt tour à tour, et le grain de poussière
Est un Monde aussi grand que telle Immensité
Perçue, imaginée en telle âme féconde.
Car ce Monde, à son tour, est formé d'autres Mondes ;
D'autres Mondes, toujours, sans cesse illimités !
L'extrêmement petit peut être divisé ;
Compter des fractions autant qu'au ciel d'étoiles.
L'infiniment petit... jamais ne se dévoile,
Et l'infiniment grand... est toujours reculé.
Ecoute-moi, planète, et retiens mon langage :
Nous savons que le Temps, ce pourvoyeur de l'âge,
Est éternel. Il est, dans son éternité
Divisible, toujours, toujours illimité.
Fugitif est pour nous l'Eclair avant la Foudre ;
Il assaille, enveloppe, étreint notre regard.
Pour toi, c'est dans ta nue, imperceptible dard.
Pour toi, cent de nos ans pourraient bien se résoudre
En une heure ; et pourtant des générations
D'extrêmement petits combleront des abîmes
Avant que cet Eclair s'éteigne dans les cimes

De tes reliefs poreux qui pour nous sont des monts.
Les peuples, habitant un flocon de nuée
Que nous ne saurions voir, même en notre pensée,
Quand des grains de lumière aurions-nous la grosseur,
Ont contemplé longtemps l'Eclair atmosphérique,
Et dans leur Univers son reflet fantastique
Leur a constitué des siècles de lueur.
Mais il est des Géants, aux lointaines frontières,
Pour lesquels tu n'es rien, et ta famille entière,
Phébus, Saturne et Mars, Jupiter et Vénus,
Fondus dans leur regard, impalpable poussière,
Sont pour eux vite éclos, plus vite disparus.

Homme, dans un désert, tu prêches en ermite ;
Achève ton discours, dévoile ton tarot.

Pour le Raisonnement, l'Univers n'est qu'un Mythe ;
Pour la Mathématique, il égale Zéro.

TABLE DES MATIÈRES

Lyon. — Imp. A. REY, 4, rue Gentil. — 27460

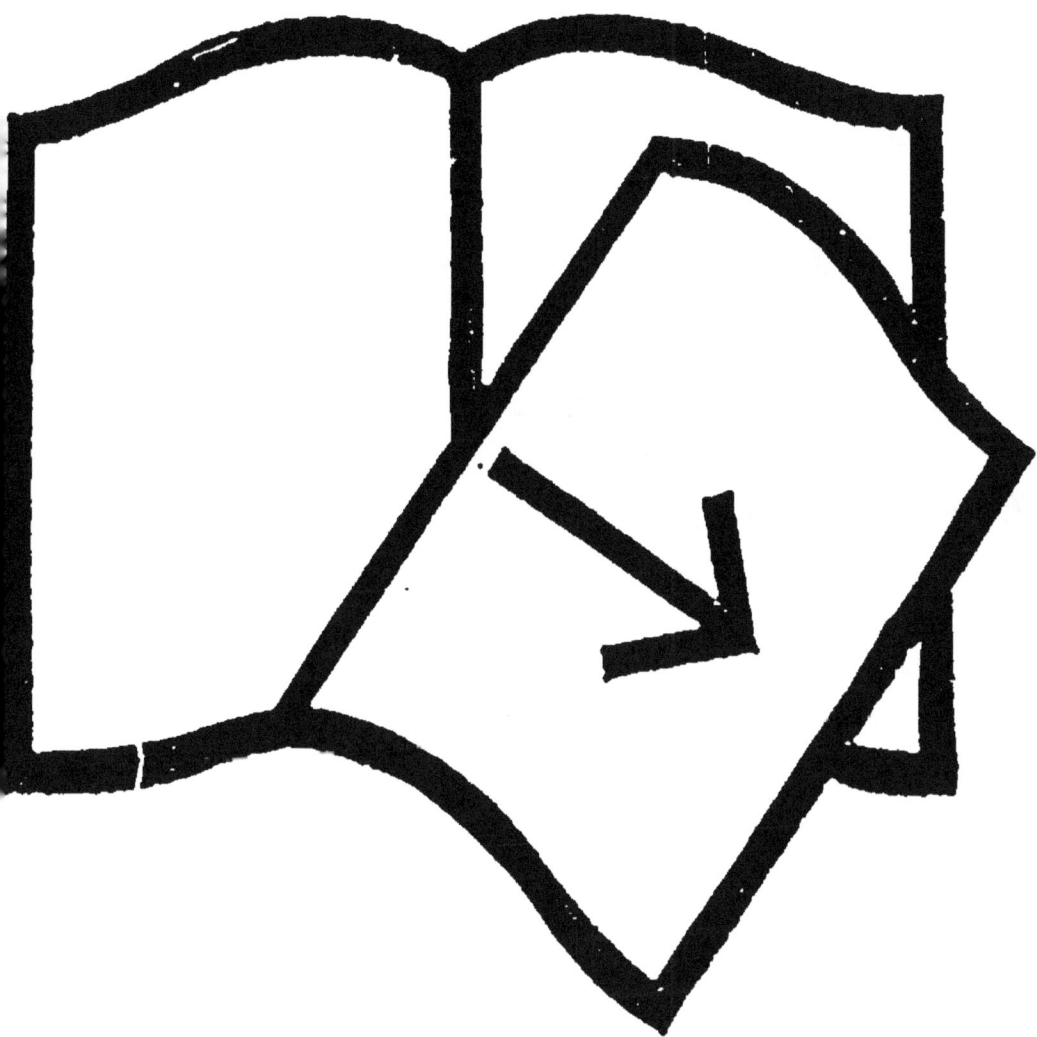

Documents manquants (pages, cahiers...)

NF Z 43-120-13

www.ingramcontent.com/pod-product-compliance
Lightning Source LLC
Chambersburg PA
CBHW061010280326
41935CB00009B/903